AF566195

Dieses Buch ist Teil unseres Programms E.A. SEEMANNs BILDERBANDE.

Es umfasst Bücher und Spiele, die Kindern mit viel Spaß die bunte Welt der Kultur eröffnen: Kunst, Architektur, Archäologie und Kulturgeschichte, Technik, Tiere, Musik, Oper, Theater und Tanz. Die BILDERBANDE macht Bücher zum Entdecken, Geschichten zum Vorlesen und Spiele.

Deutsche Ausgabe © 2024 E.A. Seemann Verlag in der E.A. Seemann Henschel GmbH & Co. KG, Leipzig
seemann-henschel.de
instagram.com/seemann_henschel_verlagsgruppe
facebook.com/seemann.henschel
pinterest.de/seemann_henschel

Erstmals veröffentlicht 2023 unter dem Titel
Stones and Bones
von Cicada Books Ltd, London
© Cicada Books Limited
Text: © Rob Wilshaw
Illustration: © Sophie Williams

Projektleitung: Nora Schröder
Übersetzung: Cornelia Panzacchi, Göttingen
Lektorat: Alexis Kelly, Carolin Zimmermann
Satz: Gudrun Hommers, Berlin
Druck und Bindung: OZ Graf, Polen

Bibliografische Information der Deutschen Nationalbibliothek
Die Deutsche Nationalbibliothek verzeichnet diese Publikation in der Deutschen Nationalbibliografie; detaillierte bibliografische Daten sind im Internet über http://dnb.dnb.de abrufbar.

ISBN 978-3-86502-531-9

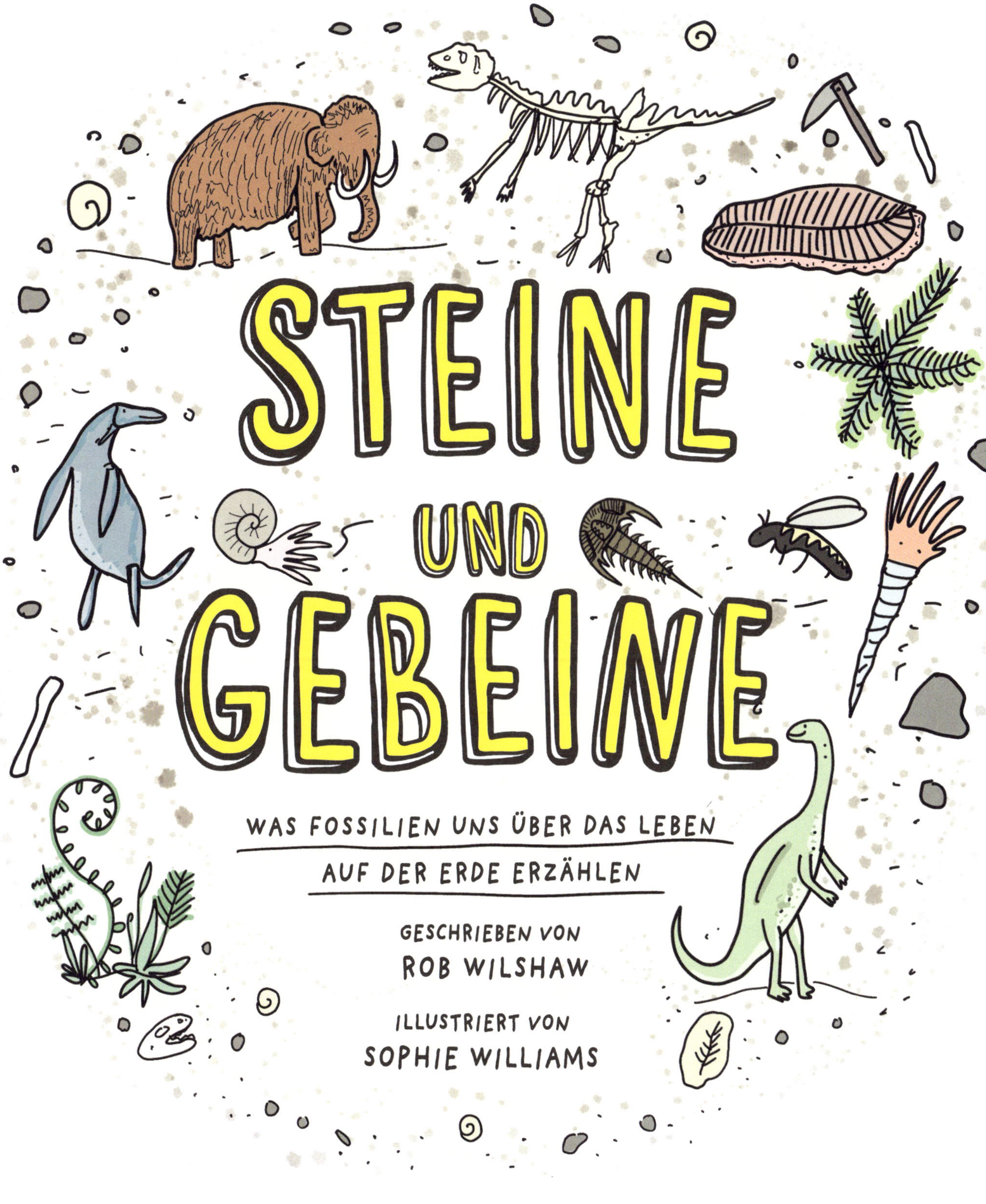

STEINE UND GEBEINE

WAS FOSSILIEN UNS ÜBER DAS LEBEN AUF DER ERDE ERZÄHLEN

GESCHRIEBEN VON
ROB WILSHAW

ILLUSTRIERT VON
SOPHIE WILLIAMS

Aus dem Englischen von Cornelia Panzacchi

INHALT

Was sind Fossilien? 4
- Mary Anning 8
- Wie entstehen Fossilien? 12
- Der Fossilbericht 14

Das Präkambrium und das Paläozoikum 16
- Fallstudie: Dickinsonia 20
- Fallstudie: Trilobiten 24
- Fallstudie: Eier-Revolution im Karbon 28
- Fallstudie: Lystrosaurus 32

Das Mesozoikum 34
- Fallstudie: Morganucodon 38
- Fallstudie: Archaeopteryx 44
- Fallstudie: Maiasaura 48

Das Känozoikum 52
- Fallstudie: Evolution der Wale 56
- Fallstudie: Terrorvögel 58
- Fallstudie: Evolution des Menschen 62

Paläontologie heute 70
- Wie kommt ein Dinosaurier ins Museum? 72
- Wie wird man Paläontologin oder Paläontologe? 76

Glossar 80

WAS SIND FOSSILIEN?

Fossilien sind Überreste früherer Lebensformen, die im Gestein der Erdkruste erhalten geblieben sind. Sie können von winzigen Bakterien, aber auch von riesigen Dinosauriern stammen.

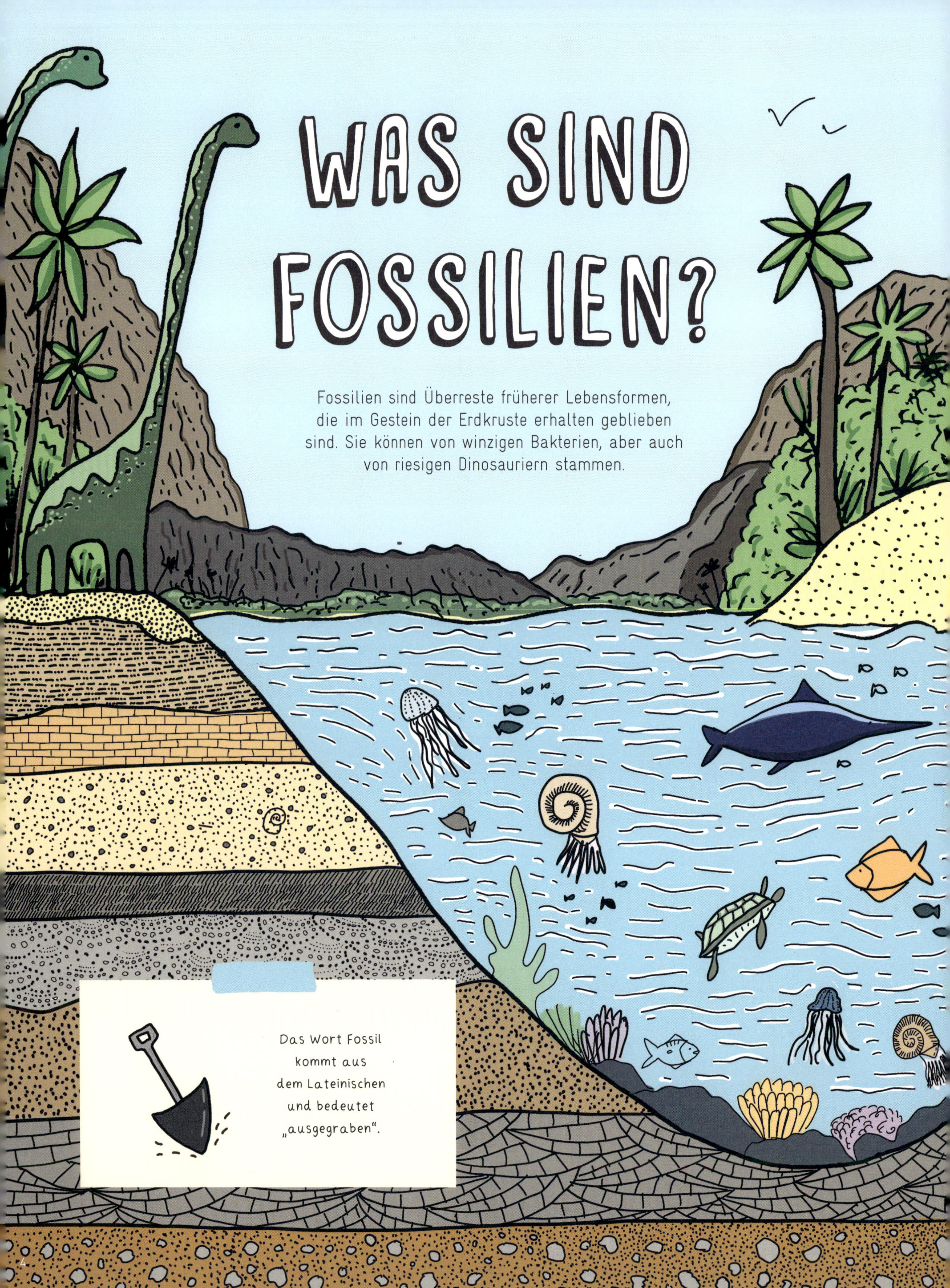

Das Wort Fossil kommt aus dem Lateinischen und bedeutet „ausgegraben“.

Es ist sehr selten, dass aus toten Lebewesen Fossilien entstehen, denn meist zerfallen sie und lassen nichts zurück. Es sei denn, sogenanntes Sediment, also Sand oder Schlamm, begräbt rasch feste Teile eines Tiers oder einer Pflanze (etwa Skelett oder Pflanzensamen) unter sich. Im Laufe der Jahrtausende wird das Sediment zu hartem Gestein gepresst und so die Tier- oder Pflanzenteile mineralisiert.

Bis Überreste eines Lebewesens zu Fossilien werden, vergehen etwa 10.000 Jahre. Die ältesten bekannten Fossilien stammen aus dem Archaikum, das vor 4 Milliarden Jahren begann, die jüngsten aus dem Holozän, das heute noch andauert.

Das älteste je gefundene Fossil ist ein Stromatolith. Er setzt sich aus versteinerten winzigen Organismen zusammen, die man Cyanobakterien nennt, und ist etwa 3,5 Milliarden Jahre alt.

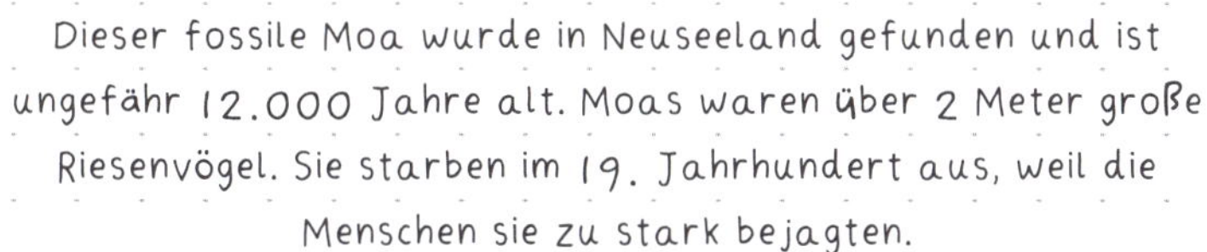

Dieser fossile Moa wurde in Neuseeland gefunden und ist ungefähr 12.000 Jahre alt. Moas waren über 2 Meter große Riesenvögel. Sie starben im 19. Jahrhundert aus, weil die Menschen sie zu stark bejagten.

Anhand von Fossilien können wir herausfinden, wie vor langer Zeit ausgestorbene Pflanzen und Tiere lebten, sich ernährten und sich vermehrten. Und sie zeigen, wie sich unser Planet und das Klima veränderten und möglicherweise in Zukunft noch verändern werden.

PALÄONTOLOGIE

Paläontologie ist die Wissenschaft, die sich mit Fossilien beschäftigt.

Das Wort Paläontologie kommt aus dem Griechischen: die Wissenschaft (logia) der sehr alten (palaios) Existierenden (onta).

Seit jeher wurde über Fossilien gerätselt. Frühe Zivilisationen hielten sie für magisch. Im Mittelalter glaubte man, sie seien vom Teufel erschaffen worden oder Überbleibsel der biblischen Sintflut. Erst im frühen 19. Jahrhundert begann man, Fossilien wissenschaftlich zu erforschen.

Georges Cuvier und William Smith entdeckten, dass in Gesteinsschichten aus verschiedenen Gebieten ähnliche Fossilien zu finden waren. Ein Fossil aus einer bestimmten Gesteinsschicht in China konnte mehr mit Fossilien aus der gleichen Gesteinsschicht in England gemeinsam haben als mit anderen chinesischen Fossilien.

Daraus schlossen wir, dass die Gesteinsschichten direkt mit den Epochen der Erdgeschichte verknüpft sind. Die Erforschung der einzelnen Schichten ergab ein Bild von der Entwicklung des Lebens auf der Erde.

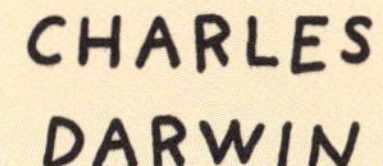

Der junge Naturforscher Charles Darwin begeisterte sich für die Erkenntnisse von Georges und William und wurde zum leidenschaftlichen Fossiliensammler. Auf seiner Südamerikareise fand er Hunderte von Fossilien.

Dieses fossile Skelett eines Riesenfaultiers stammt aus dem Pleistozän. Charles schickte es 1823 von Südamerika nach England. Ihm war aufgefallen, wie stark es der deutlich kleineren Faultierart ähnelt, die heute in Südamerika lebt.

Ausgestorbenes Riesenfaultier
3 Meter lang
200 Kilo

modernes Faultier
70 Zentimeter lang
5 Kilo

Im Jahr 1839, noch vor der Veröffentlichung seiner berühmten Evolutionstheorie, schrieb Charles: „Die wichtigste Erkenntnis, die wir diesen Funden verdanken, ist die Bestätigung, dass moderne Tiere eng mit ausgestorbenen Arten verwandt sind."

MARY ANNING

Mary Anning stammte aus Lyme Regis in Südengland. Das liegt in einer Gegend, die man wegen der vielen Fossilienfunde heute auch „Jura-Küste" nennt.

Marys Familie war arm und sie half ihrem Vater beim Sammeln von Fossilien, die er dann in seinem Laden verkaufte. 1811, als sie 12 Jahre alt war, stieß Mary dabei auf einen riesigen versteinerten Schädel. Sie brauchte Monate, um das Skelett des Tiers Stück für Stück ganz freizulegen. Es sah so aus:

Der Fund des seltsamen Tiers erregte großes Aufsehen. Manche hielten es für ein Krokodil, andere für einen Fisch. Später nannte man es Ichthyosaurus – „Fisch-Echse". Heute wissen wir, dass es ein Meeresreptil war, das vor 200 Millionen Jahren lebte.

Mary blieb eine fleißige Fossilienjägerin. 1823 fand sie einen Plesiosaurus, ein langhalsiges Meeresreptil mit vier Flossen.

1828 fand sie das Fossil eines Dimorphodon, eines riesigen Flugsauriers.
Etwa zur gleichen Zeit erschienen auch die Bücher und Artikel von Georges Cuvier und William Smith und viele begannen, sich für Fossilien zu interessieren. Künstler malten Bilder von urzeitlichen Tieren und die Menschen strömten in die Museen, um die Fossilienfunde zu bestaunen.
Zu ihren Lebzeiten erkannte man Marys außergewöhnliche Leistung für die Forschung nicht an. Heute aber gilt sie als eine Pionierin jener Wissenschaft, die wir Paläontologie nennen.

STEINE ERZÄHLEN GESCHICHTEN

Wie Georges Cuvier und William Smith entdeckten, finden sich Fossilien in Gesteinsschichten. Aber nicht in jeder Art von Gestein, sondern nur in Sedimentgestein.

Sedimentgestein ist eine der drei auf unserer Erde vorkommenden Gesteinsarten.

KREISLAUF DER GESTEINE

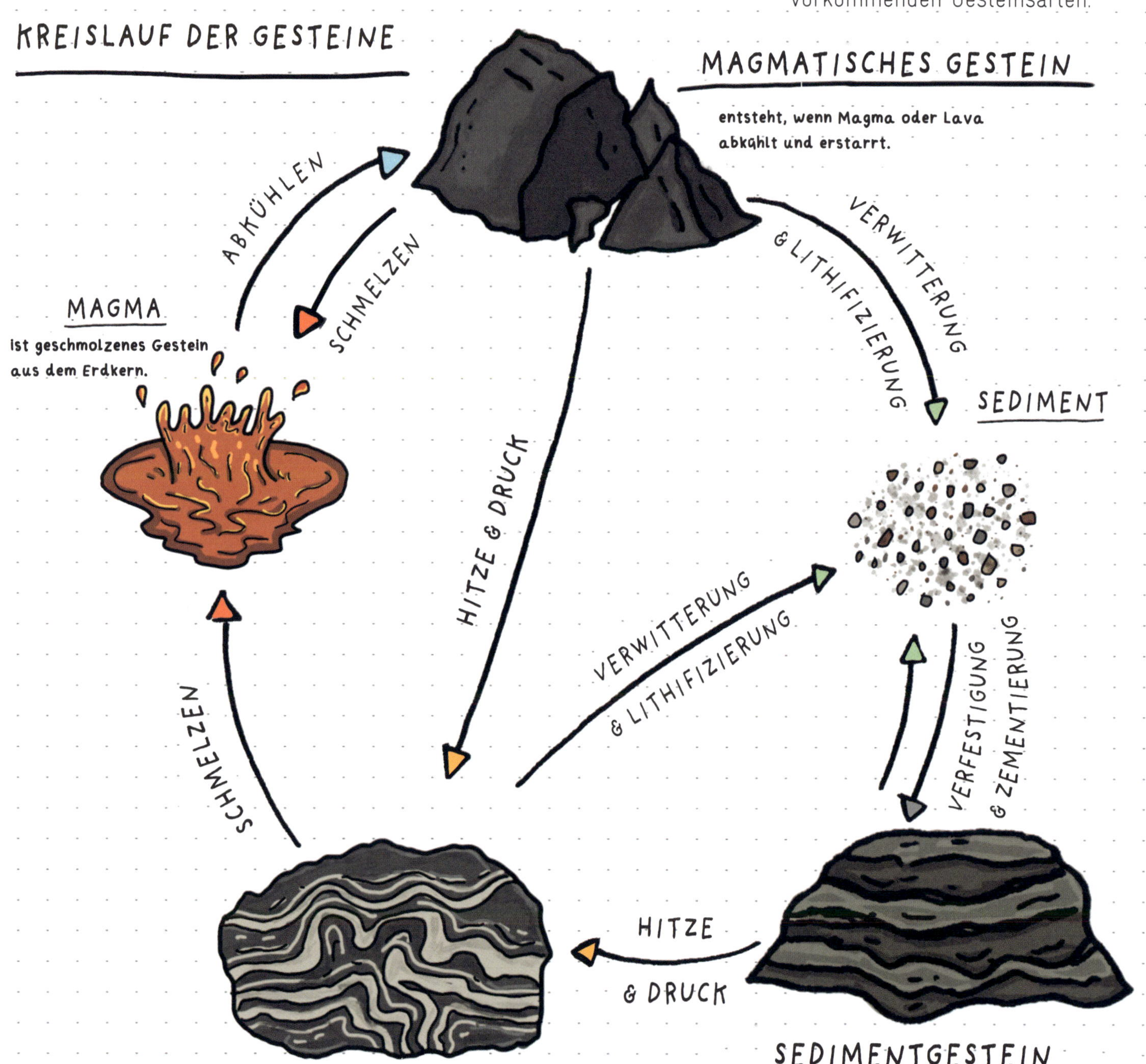

Sedimentgestein besteht aus Körnchen verschiedener Gesteine, die durch Verwitterung und Erosion zerfallen sind. Wasser spült sie davon, sodass sie sich an anderen Orten ansammeln und eine Art Schlamm, das sogenannte Sediment, bilden. Wenn sich die Sedimentschichten übereinander auftürmen, werden die unteren Schichten zusammengepresst und verfestigen sich zu Gestein. Im Laufe der Zeit baut sich Schicht auf Schicht auf. An Felswänden kann man oft die einzelnen Gesteinsschichten, oder Strata, erkennen.

Hier einige Arten von Sedimentgestein, die du entdecken kannst:

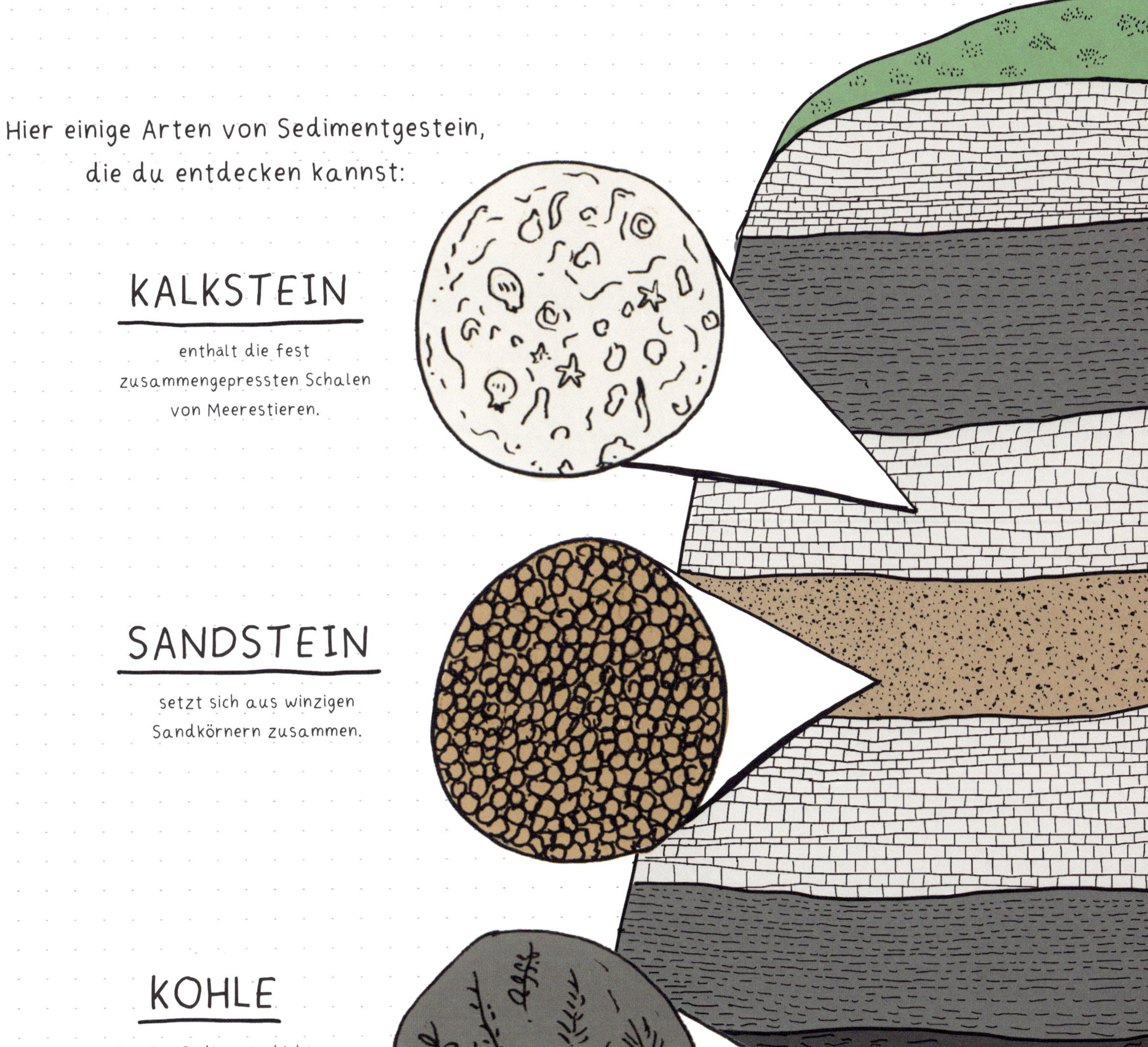

KALKSTEIN

enthält die fest zusammengepressten Schalen von Meerestieren.

SANDSTEIN

setzt sich aus winzigen Sandkörnern zusammen.

KOHLE

ist eine Sedimentschicht, die aus zusammengepressten Pflanzenteilen besteht.

WIE ENTSTEHEN FOSSILIEN?

Damit ein verstorbenes Lebewesen zu einem Fossil wird, muss es bald nach seinem Tod von Sediment zugedeckt werden, sonst zersetzt es sich zu schnell. Der beste Ort dafür ist unter Wasser, wo Schlammschichten es schnell bedecken können.

In tiefem Wasser gibt es nur sehr wenige Bakterien, was den Zerfall verlangsamt und mehr Zeit lässt, zu einem Fossil zu werden.

Fossilien entstehen meist durch Versteinerung.

So wie hier rechts: →

Es gibt aber auch noch andere Arten von Fossilien:

Fossile Spuren

sind versteinerte Hinweise auf die Aktivitäten eines Tiers. Sie entstehen aus Fußabdrücken, etwa eines Dinosauriers, in einem weichen Untergrund wie Schlamm. Füllt sich der Abdruck mit Sediment, kann es geschehen, dass er versteinert und als Fossil erhalten bleibt.

Abdruckfossilien

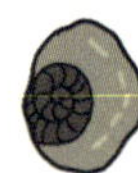

entstehen, wenn ein Tier oder eine Pflanze von Schlamm begraben werden und dann zerfallen. Zurück bleibt ein Abdruck, zum Beispiel von einem Körper oder von Blättern. Wenn sich der hohle Abdruck mit Sediment füllt, kann diese Form zum Fossil werden.

Einschlussfossilien

sind die seltensten Funde. Meist entstehen sie, wenn ein Insekt oder eine Pflanze in Baumharz eingeschlossen wird. Das Harz erhärtet mit der Zeit und wird zu Bernstein. Das eingeschlossene Objekt bleibt darin vollständig erhalten.

99 Prozent aller bisher gefundenen Fossilien stammen von Meeresbewohnern wie Muscheln, Meeresreptilien oder Haien. Funde von Landtieren sind viel seltener. Damit sie zu Fossilien wurden, mussten sie in der Nähe eines Gewässers oder kurz vor einer Überschwemmung gestorben sein, sodass ihre Körper im Schlamm versanken.

Wir wissen nicht viel über Dinosaurier, die in Wäldern oder in Bergregionen lebten. Nicht, weil es keine gab, sondern weil sich dort nur selten Fossilien bilden konnten.

Ein Plesiosaurier schwimmt tief unter Wasser.

Der Plesiosaurier stirbt und sinkt auf den Meeresboden.

Die weichen Teile seines Körpers wie Haut, Muskeln und Organe werden gefressen oder zerfallen.

Skelett und Zähne des Plesiosauriers bleiben erhalten. Sie werden von Sediment begraben, also von Schlamm oder Sand.

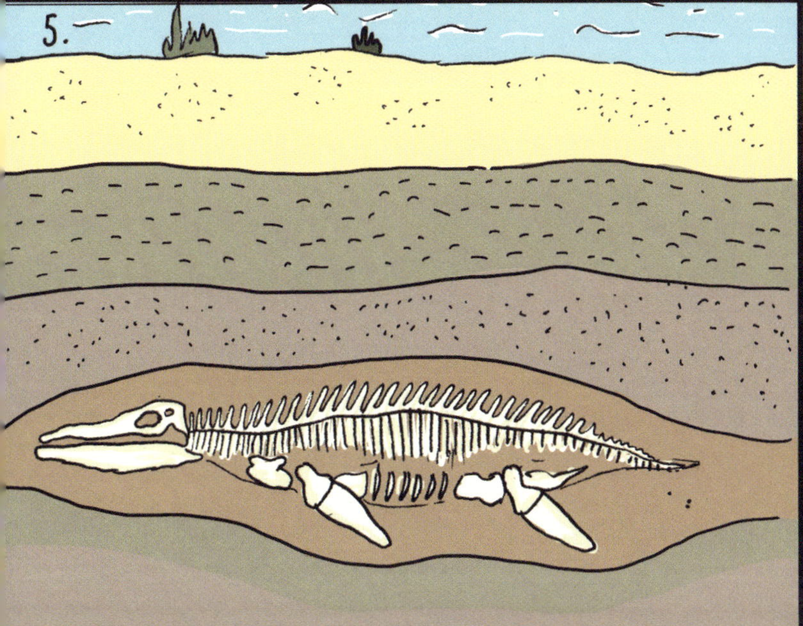

Die Überreste werden durch immer mehr Sedimentschichten überlagert. Der Druck presst die untersten zusammen und sie erhärten zu Sedimentgestein.

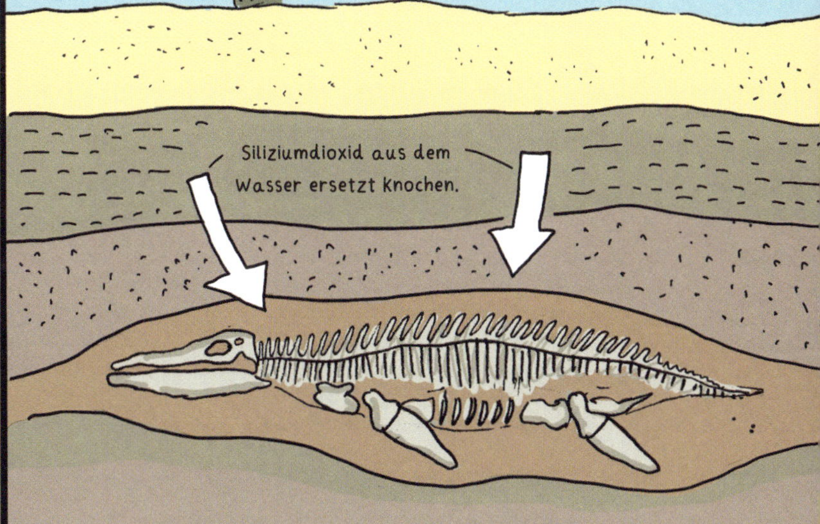

In Knochen und Zähne dringt Wasser ein und hinterlässt Mineralien in ihnen. Auf diese Weise versteinern sie. Das Fossil ist wie ein 3D-Druck des Plesiosaurusskeletts und nicht das Skelett selbst.

DER FOSSIL-BERICHT

Jede Schicht des Fossilberichts gehört zu einer Epoche in der Erdgeschichte. Wenn wir also das Alter von Gesteinsschichten herausfinden, erfahren wir auch, welche Wesen gleichzeitig lebten. So können wir uns ein Bild von der Entwicklung des Lebens auf der Erde machen.

Jede neue Fossilienentdeckung gibt uns mehr Wissen über eine bestimmte Epoche. Wir erfahren, wie sich die Organismen entwickelten und welche Auswirkungen große Ereignisse in der Erdgeschichte auf die Lebewesen hatten.

VOR MILLIONEN JAHREN

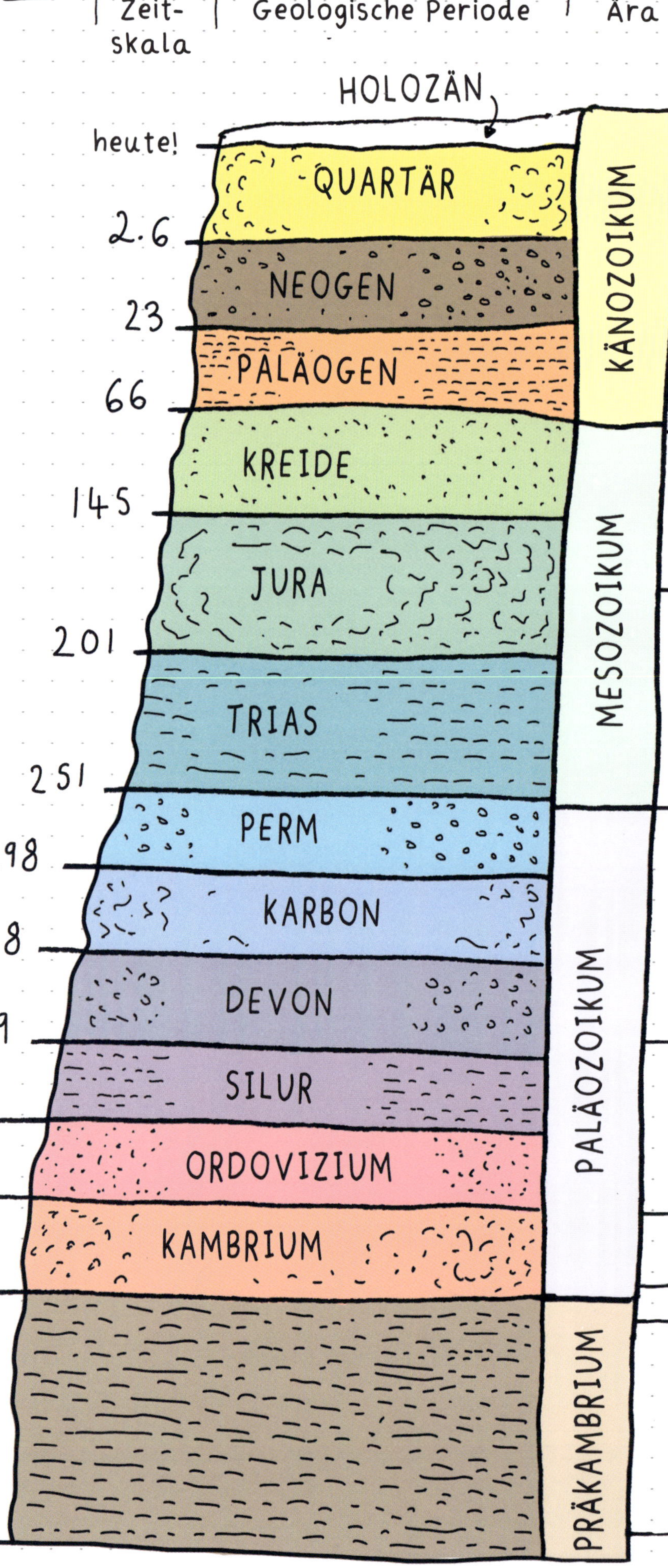

Vor 3 Mio. Jahren traten die ersten Hominini auf.
RIP
Vor 66 Mio. Jahren wurden die Dinosaurier ausgelöscht.
Vor 178 Mio. Jahren traten die ersten Säugetiere auf.
Vor 240 Mio. Jahren traten die ersten Dinosaurier auf.
Vor 400 Mio. Jahren traten die frühesten Landwirbeltiere auf.
Vor 488 Mio. Jahren traten die Landpflanzen auf.
Vor 541 Mio. Jahren, am Anfang des Kambriums, begann sich eine Vielfalt von Lebensformen zu entwickeln.
Vor etwa 700 Mio. Jahren traten wirbellose Meeresbewohner wie Quallen, Seeanemonen und Weichkorallen auf.
Die ältesten bekannten Fossilien stammen von 3,5 Mrd. Jahre alten primitiven Meeresbakterien.

DAS PRÄKAMBRIUM & DAS PALÄOZOIKUM

(vor 4,5 Mrd. Jahren → 541 Mio. Jahren) (vor 541 → 252 Mio. Jahren)

In den ersten 4 Milliarden Jahren der Erdgeschichte fanden viele geologische Ereignisse statt, aber kaum biologische. Denn die einzigen Lebewesen dieser Präkambrium genannten Ära waren sehr einfache einzellige Organismen.

Im danach folgenden Paläozoikum kam es zu wichtigen geologischen und evolutionären Veränderungen. Es wird in sechs Perioden unterteilt.

DAS KAMBRIUM

(vor 541 – 485 Mio. Jahren)

In der sauerstoffreichen Atmosphäre gab es eine Explosion der Artenvielfalt. In den Meeren entwickelten sich neue Lebensformen.

DAS ORDOVIZIUM

(vor 485 – 443 Mio. Jahren)

An Land traten die ersten Pflanzenarten auf. Im Meer dominierten Muscheln und frühe Fische entwickelten sich.

DAS SILUR
(vor 443 – 419
Mio. Jahren)
Neue Pflanzen und Pilze sowie Fische mit Knochen entwickelten sich.
DAS DEVON
(vor 419 – 358 Mio. Jahren)
Wälder wuchsen und Samenpflanzen traten auf.
DAS KARBON
(vor 358 – 298
Mio. Jahren)
Aus Fischen, die an Land gingen und sumpfige Wälder besiedelten, entwickelten sich Vorfahren von Echsen, Schlangen und Krokodilen.
DAS PERM
(vor 298 – 252
Mio. Jahren)
Das Klima kühlte ab. Ein Massenaussterben löschte das Leben auf der Erde fast aus.

DAS PRÄKAMBRIUM (vor 4500 → 541 Mio. Jahren)

Ursprünglich war die Erde eine sich drehende Kugel aus geschmolzenem Gestein. Dann kühlte die Oberfläche ab und bildete eine Kruste. Durch ihre Risse sickerte Lava aus dem Inneren, wodurch Vulkane entstanden. Diese erzeugten Wolken, die große Regenfälle verursachten. So bildeten sich die Meere, in denen sich später das Leben zu entwickeln begann.

Die frühesten Lebensformen waren winzige, einzellige Organismen, sogenannte Cyanobakterien. Sie traten erstmals vor 3,5 Milliarden Jahren auf.

Diese einfachen Bakterien bildeten die Grundlage für alles Leben auf der Erde. Sie erzeugten Nahrung aus Wasser und Sonnenenergie und setzten dabei Sauerstoff frei. Diesen Vorgang nennt man Fotosynthese.

Allmählich stieg der Sauerstoffgehalt der Luft und das Leben entwickelte sich schneller.

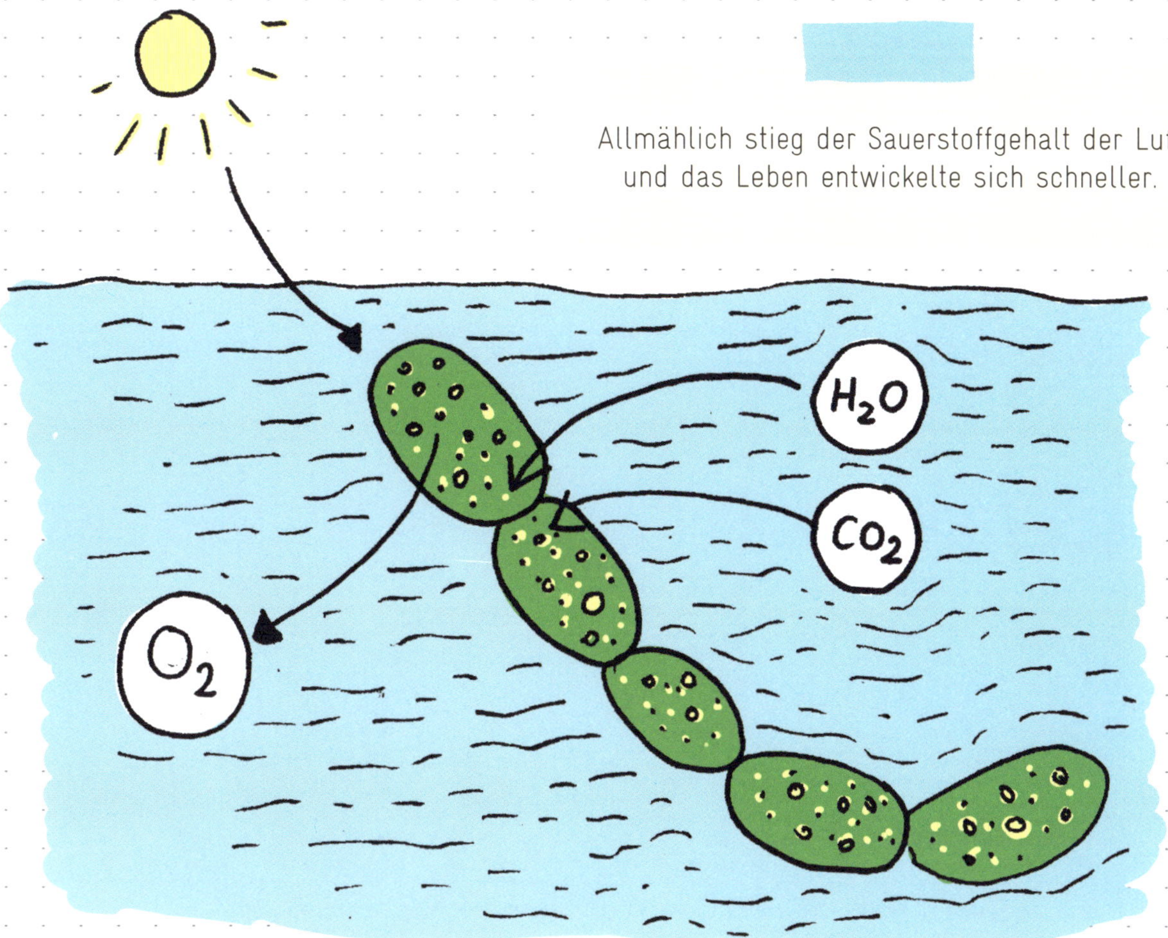

Zellen verbanden sich miteinander. Einzelne Zellen einer Gemeinschaft übernahmen unterschiedliche Aufgaben. Vor ungefähr 800 Millionen Jahren entwickelten sich aus diesen Zellgemeinschaften mehrzellige Tiere. Die allerersten richtigen Tiere waren die Schwämme.

Im Ediacarium, der Periode am Ende des Präkambriums vor etwa 635 Millionen Jahren, lebten viele Tierarten. Die meisten waren jedoch wirbellos und konnten nicht zu Fossilien werden. Deshalb können wir nur raten, wie sie ausgesehen haben.

FALL·Studie· DICKINSONIA

Fossilien aus dem Ediacarium stellen uns vor große Rätsel. Denn sie besaßen weder Knochen noch Schalen oder Panzer, die versteinern konnten. Viele Fossilien aus dieser Periode sind fossile Spuren.

Fossile Spuren, wie zum Beispiel Fußabdrücke von Dinosauriern, bezeugen zwar die Anwesenheit eines Lebewesens, sind aber keine richtigen Überreste.

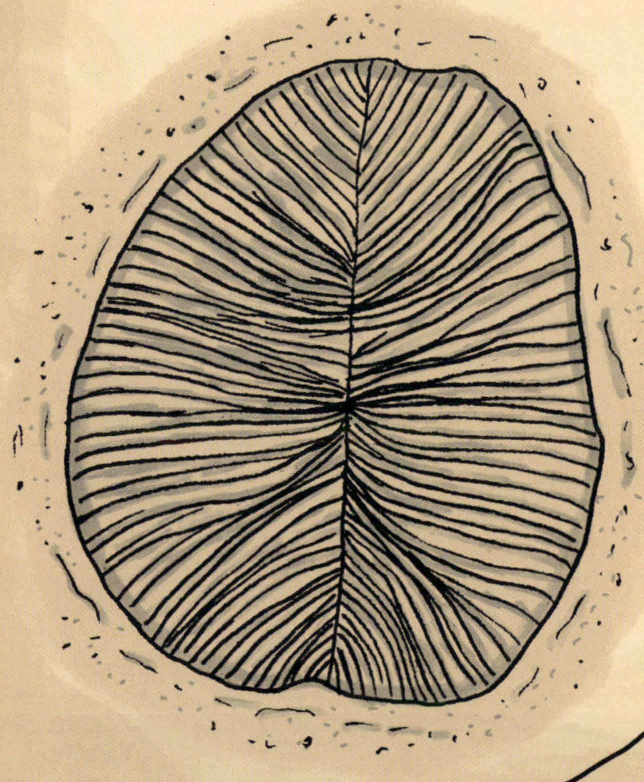

Manche Fossile Spuren aus dem Ediacarium entstanden durch Bewegungen auf dem Meeresboden. Daher wissen wir, dass sich damals die ersten primitiven Tiere entwickelten. Forschende nehmen an, dass sie überwiegend weiche, geleeartige Körper hatten.
Dickinsonia ist das früheste Tier des Ediacariums. Es war flach und oval – ein erstes Anzeichen von Symmetrie, die in der weiteren Entwicklung der Tiere eine wichtige Rolle spielte. Es hatte eine gerippte Oberfläche und konnte sich selbstständig fortbewegen. Fossile Spuren auf dem Meeresboden verraten, dass es möglicherweise dort seine Nahrung suchte.

DAS PALÄOZOIKUM TEIL 1:

KAMBRISCHE EXPLOSION

Vor 500 Millionen Jahren beschleunigte sich die Evolution und eine unglaubliche Vielfalt von Arten trat auf. Dieses Ereignis nennt man Kambrische Explosion. Sie dauerte 30 Millionen Jahre an und bestimmte die weitere Entwicklung des Lebens auf unserem Planeten.

Cambria ist der lateinische Name für Wales, das in Großbritannien liegt. Dort fand man erstmals Fossilien aus dieser Periode.

Die Kambrische Explosion hatte vermutlich verschiedene Ursachen: Dank der Fotosynthese der Cyanobakterien stieg der Sauerstoffgehalt in der Luft, das Klima erwärmte sich und der Meeresspiegel stieg an.

Aus den felsigen Landmassen spülten Flüsse Nährstoffe wie Kalzium und Phosphor ins Meer. Diese halfen beim Aufbau von Skeletten und harten Schalen.

Wir wissen, dass neue Gruppen von Tieren auftraten, weil sie Skelette und harte Schalen hatten, die leicht zu Fossilien wurden.

ARMFÜẞER

Lingula

Armfüßer wie Lingula, eine Art Muschel, entwickelten sich. Lingula gibt es auch heute noch, sie zählen zu den am längsten unverändert existierenden Tieren!

GLIEDERFÜẞER

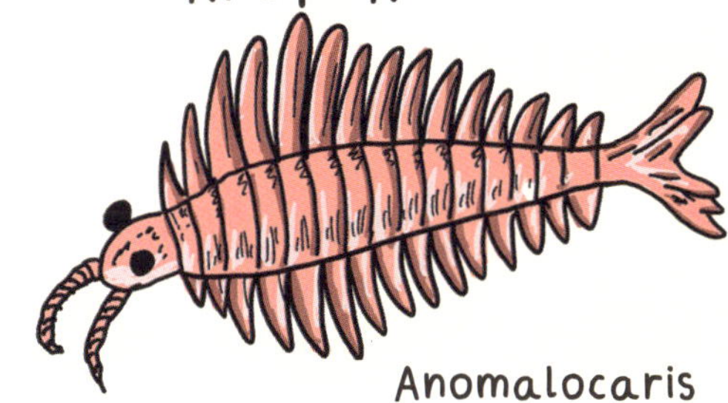

Anomalocaris

Gliederfüßer ist der Oberbegriff für Insekten, Spinnen und Krebstiere. Anomalocaris, das heißt „ungewöhnliche Garnele", war eins der weltweit ersten Raubtiere. Das Auftreten fleischfressender Jäger beschleunigte die Evolution der Arten, weil Tiere jetzt Schutzmerkmale wie etwa harte Panzer entwickeln mussten.

CHORDATIERE

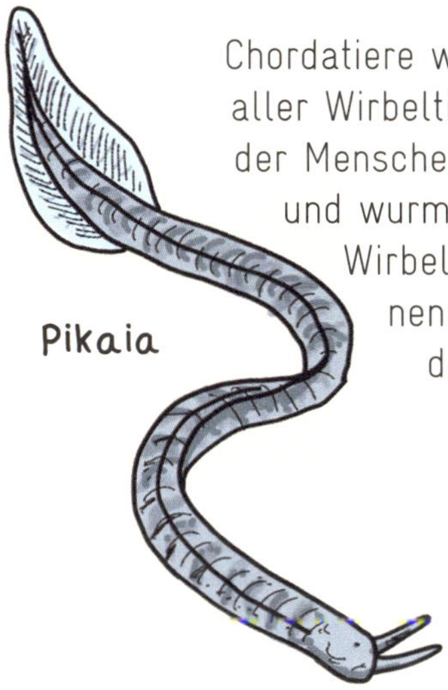

Chordatiere waren die Vorfahren aller Wirbeltiere, einschließlich der Menschen. Pikaia war platt und wurmartig. Seine primitive Wirbelsäule aus Knorpel nennt man Chorda dorsalis.

Pikaia

FALL Studie: TRILOBITEN

Im Kambrium waren Trilobiten die vorherrschende Spezies und hinterließen große Mengen an Fossilien. Ihre flachen Körper waren in gepanzerte Segmente gegliedert, die sie vor Fressfeinden schützten. Uns sind 20.000 Trilobiten-Arten bekannt.

Einige waren Raubtiere, andere filterten Futterteilchen aus dem Wasser oder waren Aasfresser. Manche krabbelten sogar an Land.

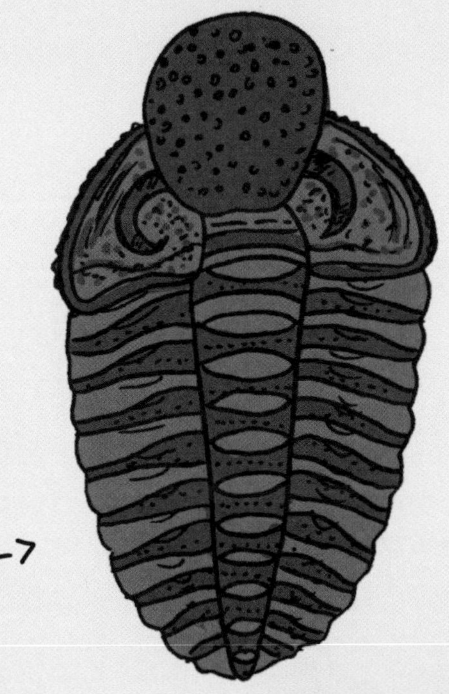

Phacops war ein stark verbreiteter Aasfresser. Er hatte Facettenaugen wie heutige Stubenfliegen und rollte sich bei Gefahr zusammen.

PHACOPS

Carolinites schwammen im Wasser und ernährten sich von Zooplankton. Dank ihrer großen Augen konnten sie ihre winzige Beute gut sehen.

CAROLINITES

Versteinerungen von Olenellus wurden neben fossilen Spuren gefunden. Vielleicht schwammen sie bei Ebbe zu seichten Stellen, um zu laichen - so wie es Pfeilschwanzkrebse heute tun.

OLENELLUS

Einige Trilobitenarten sahen ziemlich merkwürdig aus

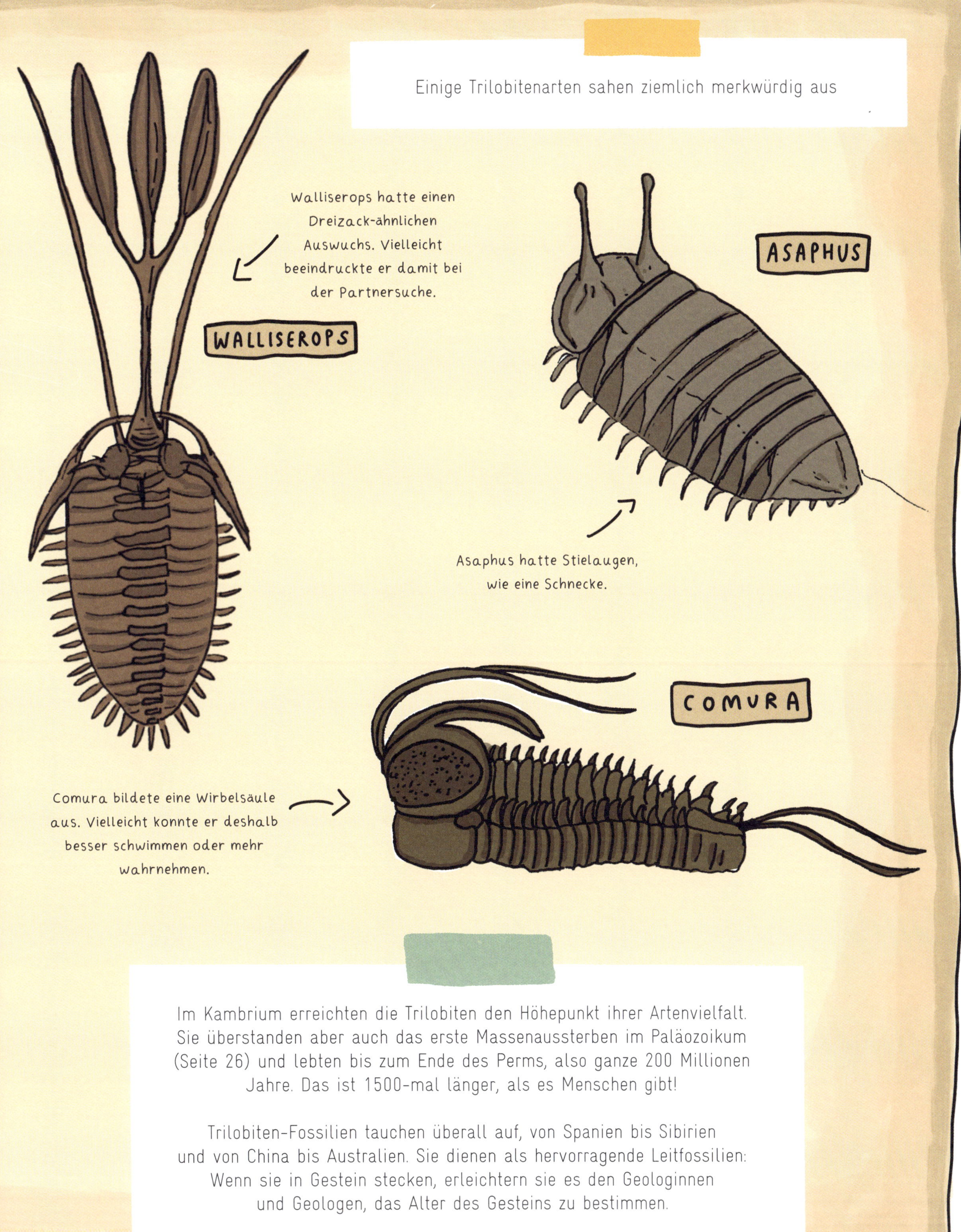

Im Kambrium erreichten die Trilobiten den Höhepunkt ihrer Artenvielfalt. Sie überstanden aber auch das erste Massenaussterben im Paläozoikum (Seite 26) und lebten bis zum Ende des Perms, also ganze 200 Millionen Jahre. Das ist 1500-mal länger, als es Menschen gibt!

Trilobiten-Fossilien tauchen überall auf, von Spanien bis Sibirien und von China bis Australien. Sie dienen als hervorragende Leitfossilien: Wenn sie in Gestein stecken, erleichtern sie es den Geologinnen und Geologen, das Alter des Gesteins zu bestimmen.

DAS PALÄOZOIKUM TEIL 2:

Vom ORDOVIZIUM bis zum KARBON

Nach der Kambrischen Explosion kam es zu großen geologischen Veränderungen. Dadurch wuchs die Artenvielfalt weiter.

Das Ordovizium (vor 485–443 Mio. Jahren)

Die Meere füllten sich mit Schnecken, Muscheln, Korallen und primitiven Fischen. Alle Landmassen der Erde waren über dem Südpol zum Riesenkontinent Gondwana zusammengerückt. Gegen Ende des Ordoviziums wurde es kalt. Riesige Gletscher bildeten sich und der Meeresspiegel sank, was dazu führte, dass 85 Prozent der Meeresbewohner ausstarben.

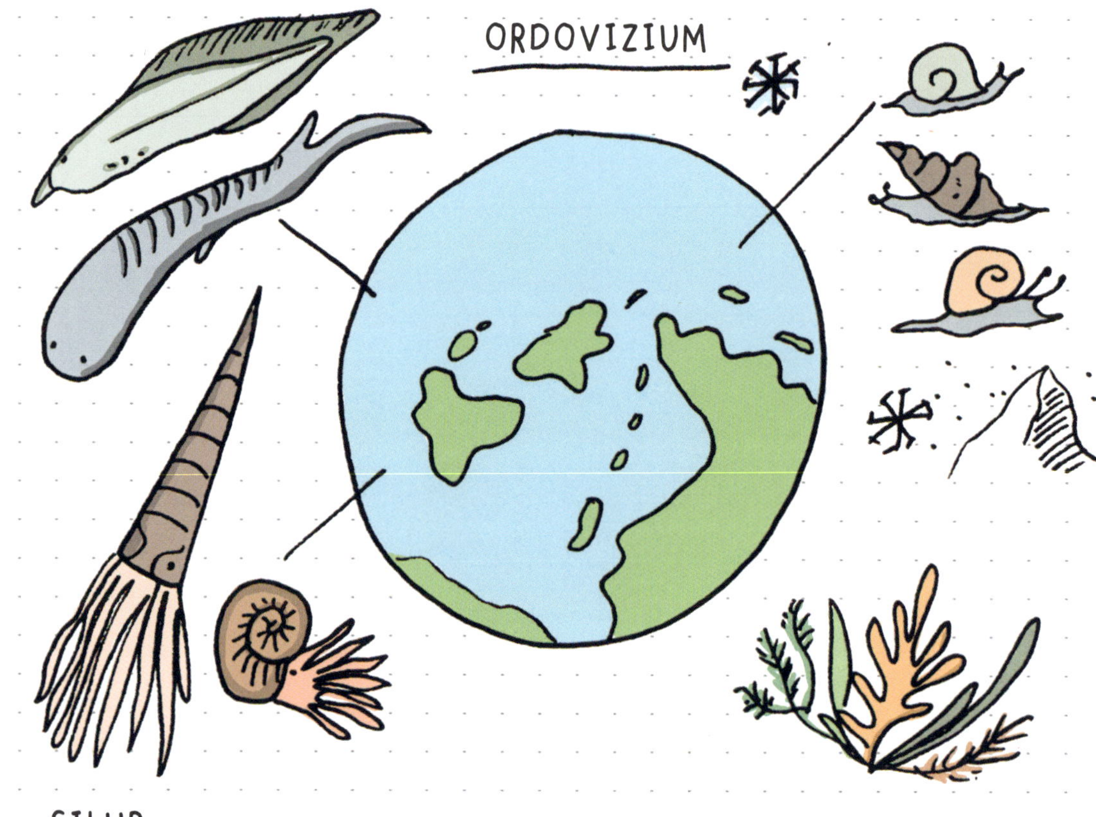

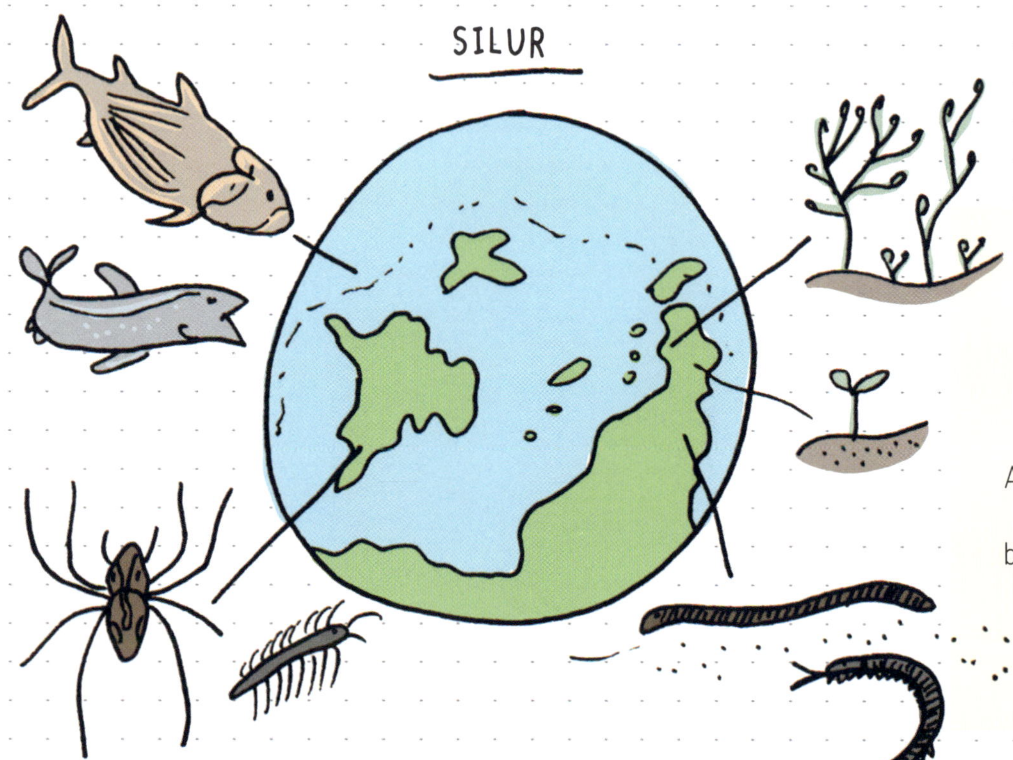

Das Silur (vor 443–419 Mio. Jahren)

Der Planet erwärmte sich wieder, der Meeresspiegel stieg an, die Artenvielfalt nahm wieder zu. Fische bildeten Kiefer aus und Pflanzen besiedelten das Land. Frühe Spinnen und Hundertfüßer traten auf. Nun gab es vier Kontinente: Gondwana, Laurentia, Baltica und Avalonia.

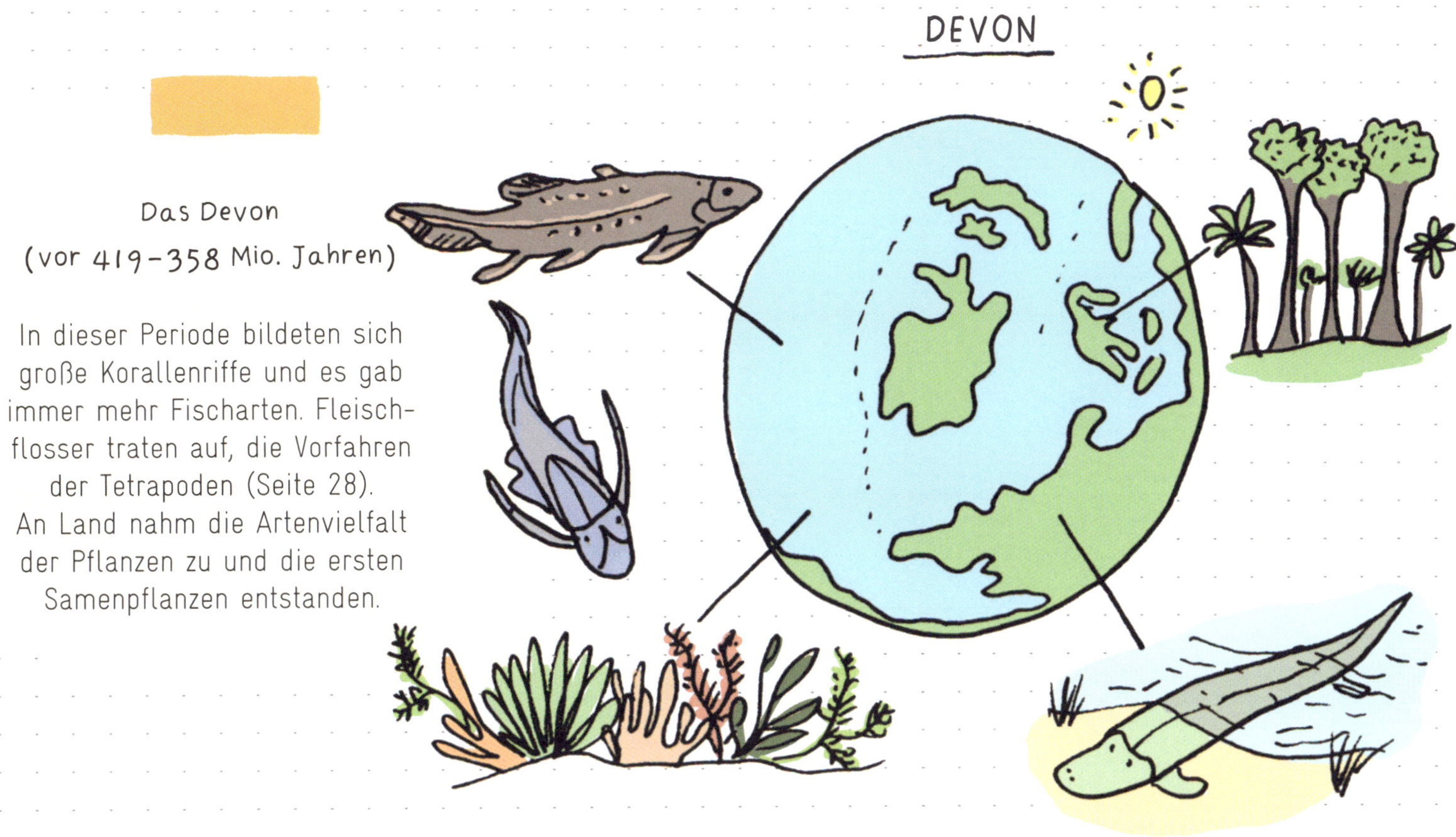

Das Devon
(vor 419–358 Mio. Jahren)

In dieser Periode bildeten sich große Korallenriffe und es gab immer mehr Fischarten. Fleischflosser traten auf, die Vorfahren der Tetrapoden (Seite 28). An Land nahm die Artenvielfalt der Pflanzen zu und die ersten Samenpflanzen entstanden.

Das Karbon
(vor 358–298 Mio. Jahren)

Die Kontinente verschmolzen zu einem Superkontinent namens Pangäa. Das Klima war in dieser Zeit meist tropisch-warm. Sumpfwälder bedeckten das Land. Die Überreste toter Pflanzen verrotteten rasch zu Torf, der im Lauf von Jahrmillionen wiederum zu Kohle wurde. Viele der von uns heute genutzten fossilen Brennstoffe entstanden im Erdzeitalter Karbon.

FALL Studie: EIER-REVOLUTION im KARBON

Die heutigen Reptilien sind Nachkommen der Tetrapoden, die sich vor 400 Millionen Jahren aus Fleischflossern entwickelten. Tetrapoden besaßen Gliedmaßen für die Fortbewegung an Land und eine Lunge zum Atmen von Luft. Ihr größeres Gehirn konnte Informationen von empfindlicheren Sinnesorganen verarbeiten.

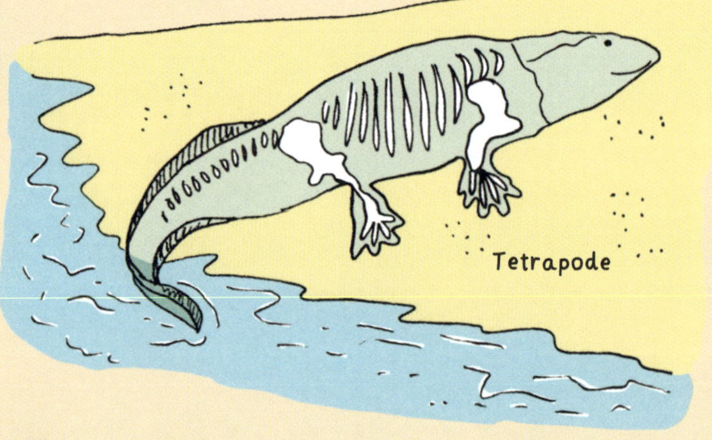

Die Verwandlung von Wasserbewohnern in Landtiere ist ein unglaublich großer Schritt der Evolution. Fische entwickelten die Fähigkeit, Luft zu atmen, bevor sie ganz an Land kamen.

Die spektakulärste Entwicklung im Karbon waren die Eier der Amnioten genannten Landwirbeltiere. Anders als die geleeartigen Eier von Fischen und anderen Wassertieren besaßen ihre Eier eine feste, ledrige Schale. Diese ließ einen Luftaustausch zu, verhinderte aber das Austrocknen des Eis, in dem das Embryo von nährender Flüssigkeit umgeben war. Deshalb konnten sich die Amnioten auch dort fortpflanzen, wo kein Wasser in der Nähe war, und das Land weiträumig besiedeln.

Am Aufbau des Amnioten-Eis hat sich bis heute nicht viel verändert. Tiere, die solche Eier legen, nennt man Amnioten. (Nicht mit Ammoniten verwechseln!)

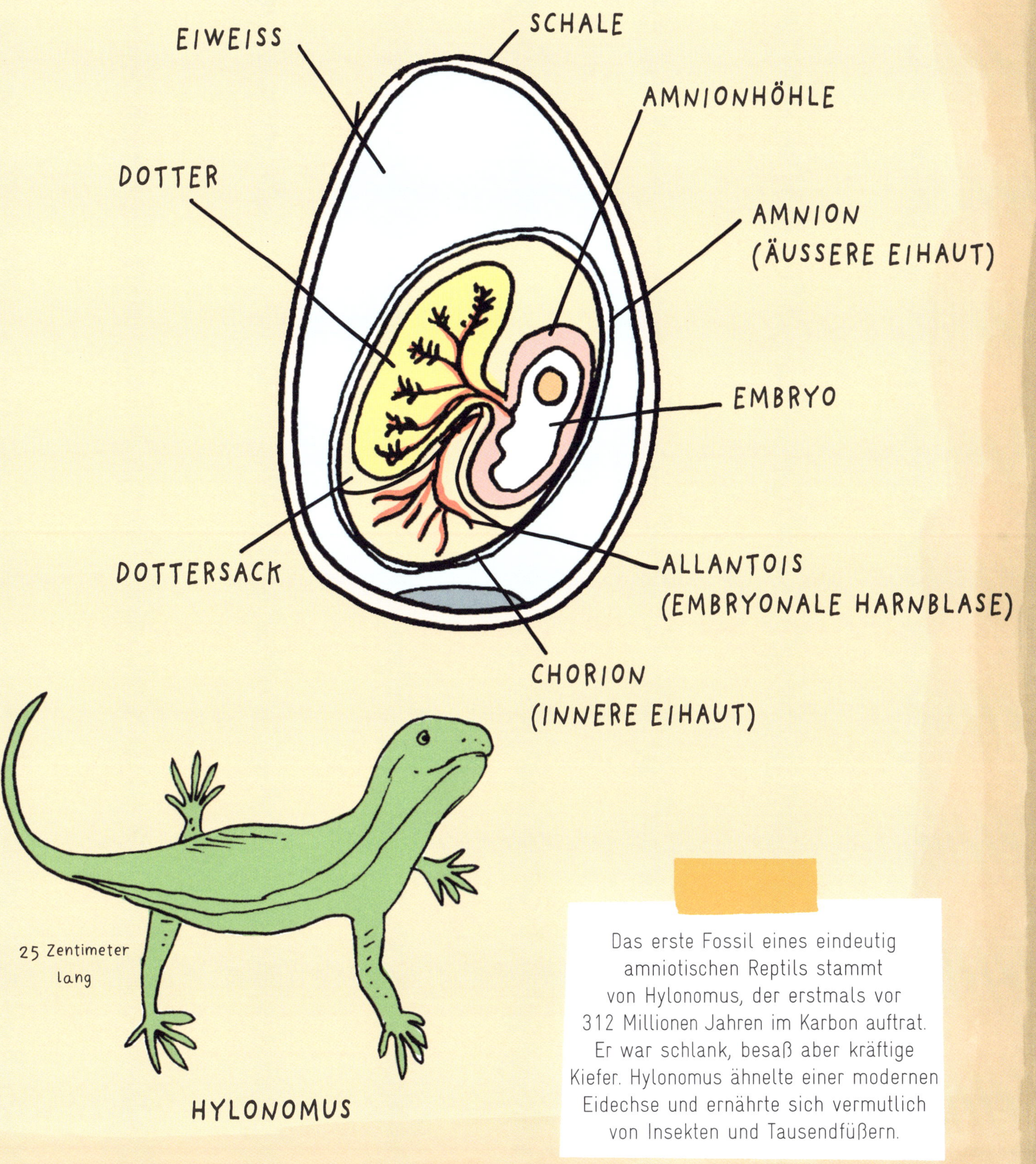

Das erste Fossil eines eindeutig amniotischen Reptils stammt von Hylonomus, der erstmals vor 312 Millionen Jahren im Karbon auftrat. Er war schlank, besaß aber kräftige Kiefer. Hylonomus ähnelte einer modernen Eidechse und ernährte sich vermutlich von Insekten und Tausendfüßern.

DAS PALÄOZOIKUM TEIL 3:

DAS PERM und das MASSENAUSSTERBEN

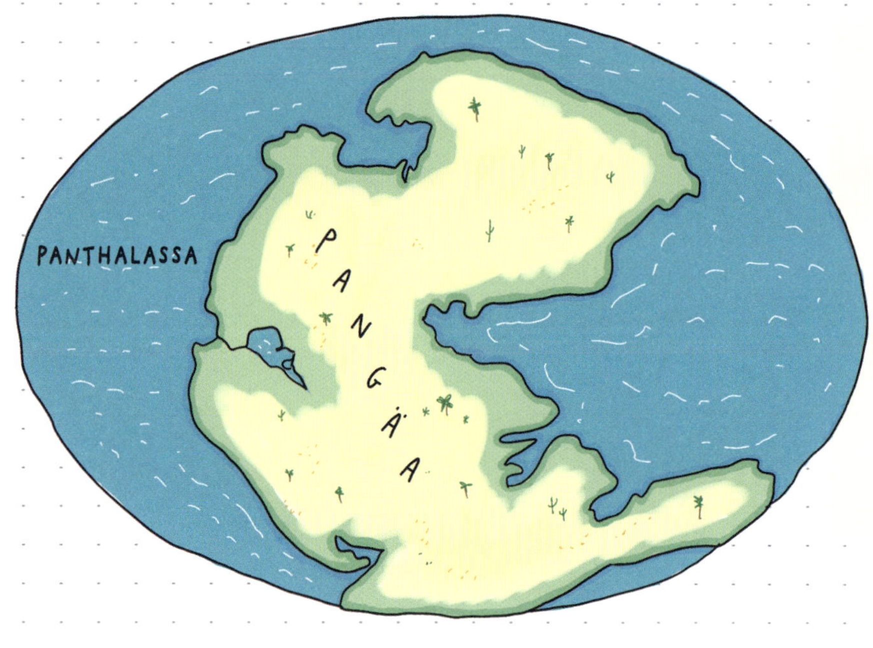

Das Perm war die letzte Periode des Paläozoikums. Superkontinent Pangäa war die einzige Landmasse, inmitten eines riesigen Ozeans namens Panthalassa. Auf das tropische Klima des Karbons folgte ein raueres Klima mit verschiedenen Jahreszeiten. Gegen Ende des Perms bedeckten breite Wüsten das Innere Pangäas. Hier entwickelten sich größere Reptilien.

Dimetrodon war ein bis zu 4 Meter langes und 200 Kilogramm schweres fleischfressendes Reptil. Obwohl es wie ein Dinosaurier aussah, war es enger mit den Säugetieren verwandt. Sein Rückensegel könnte ihm beim Regulieren der Körpertemperatur geholfen haben.

Das Perm endete vor ungefähr 250 Millionen Jahren mit einem massenhaften Artensterben, das auch das Ende des Paläozoikums markierte. Etwa 95 Prozent der Meeresbewohnerarten und 70 Prozent der Landtierarten verschwanden.

Wahrscheinlich wurde diese Katastrophe durch starke vulkanische Aktivität im heutigen Sibirien ausgelöst. Über Tausende von flachen Vulkanen spuckten Lava und ein giftiges Gas namens Schwefeldioxid in die Atmosphäre. Bei den Ausbrüchen entstand auch das Treibhausgas Kohlendioxid, das den gesamten Planeten aufheizte. Ein Großteil des Kohlendioxids geriet in die Meere, vergiftete das Wasser und verhinderte die Entwicklung von Skeletten und Schalen. Das Meerwasser könnte um bis zu 8 Grad wärmer geworden sein und 80 Prozent seines Sauerstoffgehalts eingebüßt haben.

Die vulkanischen Asche- und Gaswolken verdunkelten den Himmel und führten zur starken Abkühlung des Planeten. Große Gletscher bildeten sich, der Meeresspiegel sank und viele Lebewesen verendeten im seichten Wasser.

Das Massenaussterben an der Perm-Trias-Grenze ist das größte bekannte Ereignis dieser Art. Es dauerte 30 Millionen Jahre, bis sich das Leben auf der Erde davon erholte.

FALL Studie: LYSTROSAURUS
Lystrosaurus war ein bemerkenswerter Überlebender des Perm-Massenaussterbens. Der schweinsgroße Pflanzenfresser besaß kräftige Vorderbeine, mit denen er sich Erdhöhlen grub. Bis auf zwei Stoßzähne war er zahnlos. Vermutlich zerkleinerte er die Nahrung mit seinem Schnabel, ähnlich wie es heutige Schildkröten tun. Seine Haut war haarlos und lederartig.

Wie mochte dieses Tier die schreckliche Katastrophe überlebt haben? Vielleicht hielt es über einen langen Zeitraum hinweg Winterschlaf. Wachstumsringe an einigen fossilen Stoßzähnen stützen diese Theorie. Oder war Lystrosaurus an weniger Sauerstoff gewöhnt, weil er sich viel unter der Erde aufhielt, und vertrug die stark kohlendioxidhaltige Luft besser als andere Tiere?

Als alle seine Feinde ausgestorben waren, breitete sich Lystrosaurus über die Erde aus und brachte viele neue Arten hervor. 95 Prozent aller Wirbeltierfossilien der frühen Trias stammen von Lystrosaurus-Arten. Zum ersten und letzten Mal beherrschte eine einzige Gattung den Planeten.

DAS MESOZOIKUM

(vor 251 → 66 Mio. Jahren)

Das große Perm-Massenaussterben löschte nahezu alle Lebensformen aus. Doch dann normalisierte sich die Erdatmosphäre wieder und aus den Überlebenden entwickelten sich neue Arten. Mesozoikum bedeutet „mittleres Leben" und es wurde zum Zeitalter der Dinosaurier. Wir teilen es in drei Perioden ein.

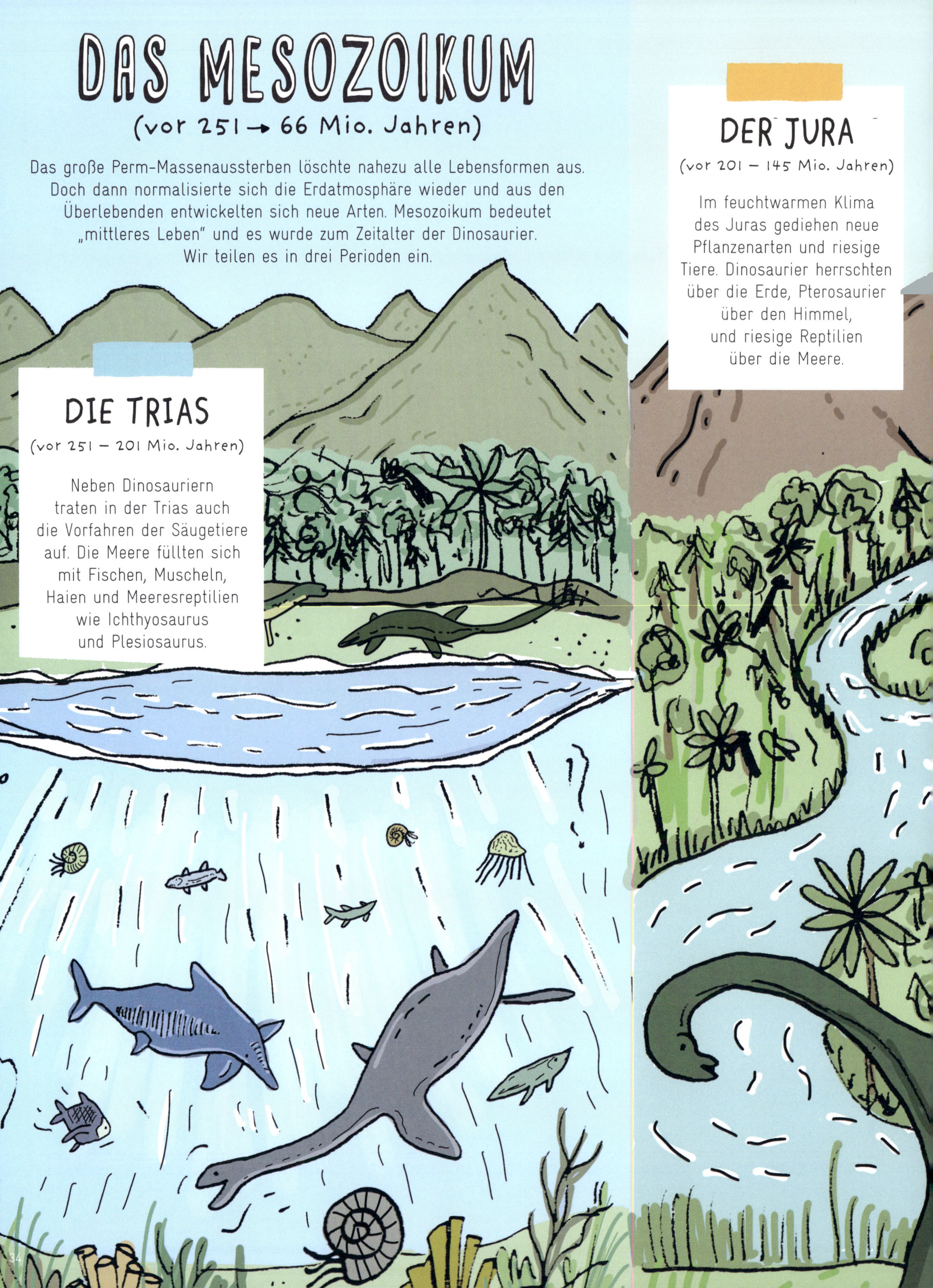

DIE TRIAS

(vor 251 – 201 Mio. Jahren)

Neben Dinosauriern traten in der Trias auch die Vorfahren der Säugetiere auf. Die Meere füllten sich mit Fischen, Muscheln, Haien und Meeresreptilien wie Ichthyosaurus und Plesiosaurus.

DER JURA

(vor 201 – 145 Mio. Jahren)

Im feuchtwarmen Klima des Juras gediehen neue Pflanzenarten und riesige Tiere. Dinosaurier herrschten über die Erde, Pterosaurier über den Himmel, und riesige Reptilien über die Meere.

DIE KREIDE

(vor 145 – 66 Mio. Jahren)

In der Kreide erlebten die Dinosaurier eine weitere Blütezeit. Aber auch Säugetiere, Insekten und Pflanzen entwickelten sich weiter. Am Ende der Kreide kam es wieder zu einem Massenaussterben. Es beendete das Zeitalter der Dinosaurier.

DIE TRIAS

(vor 251 → 201 Mio. Jahren)

Unser Planet brauchte 10 Millionen Jahre, um sich vom Massenaussterben am Ende des Perms zu erholen. Doch allmählich entstanden neue Ökosysteme und neue Arten traten auf.

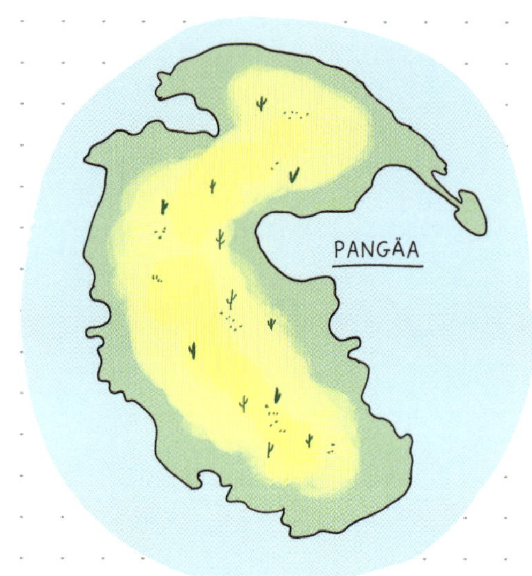

In der frühen Trias gab es nur eine riesige Landmasse: den Superkontinent Pangäa. Er erstreckte sich vom Nord- zum Südpol und war überwiegend von Wüste bedeckt.

Weil es insgesamt gar nicht so viel Küste gab, sind Fossilien aus der Trias selten. Forschende nehmen jedoch an, dass auf Pangäa vor allem Archosaurier lebten. Diese frühen Reptilien waren die Vorfahren der Dinosaurier, Vögel und Krokodile. Weil die Archosaurier wenig Energie und Wasser benötigten, waren sie an das Leben in der Wüste gut angepasst.

TROPIDOSUCHUS

Tropidosuchus – ein kleiner Archosaurier mit 50 Zentimetern Länge – war ein flinker Läufer mit gutem Geruchssinn.

AETOSAURUS

Aetosaurus war ein großer, gepanzerter Archosaurier und Verwandter der Vorfahren heutiger Krokodile.

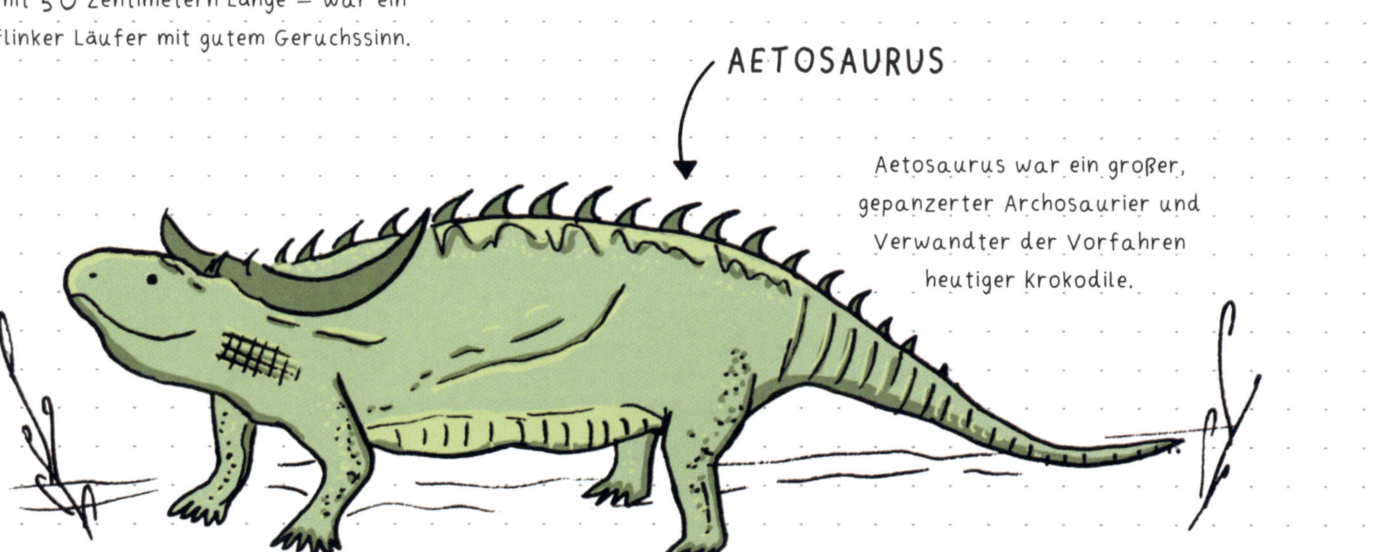

In der mittleren Trias begann Pangäa auseinanderzubrechen. Das heiße, trockene Klima wurde feuchter und neue Arten entwickelten sich rasch. Die Archosaurier wurden größer. Vor etwa 240 Millionen Jahren traten die ersten echten Dinosaurier auf.

Die meisten Dinosaurier der Trias waren ziemlich klein. Eoraptor zählt zu den frühesten. Er war ein flinker Allesfresser und wurde nur 1 Meter lang.

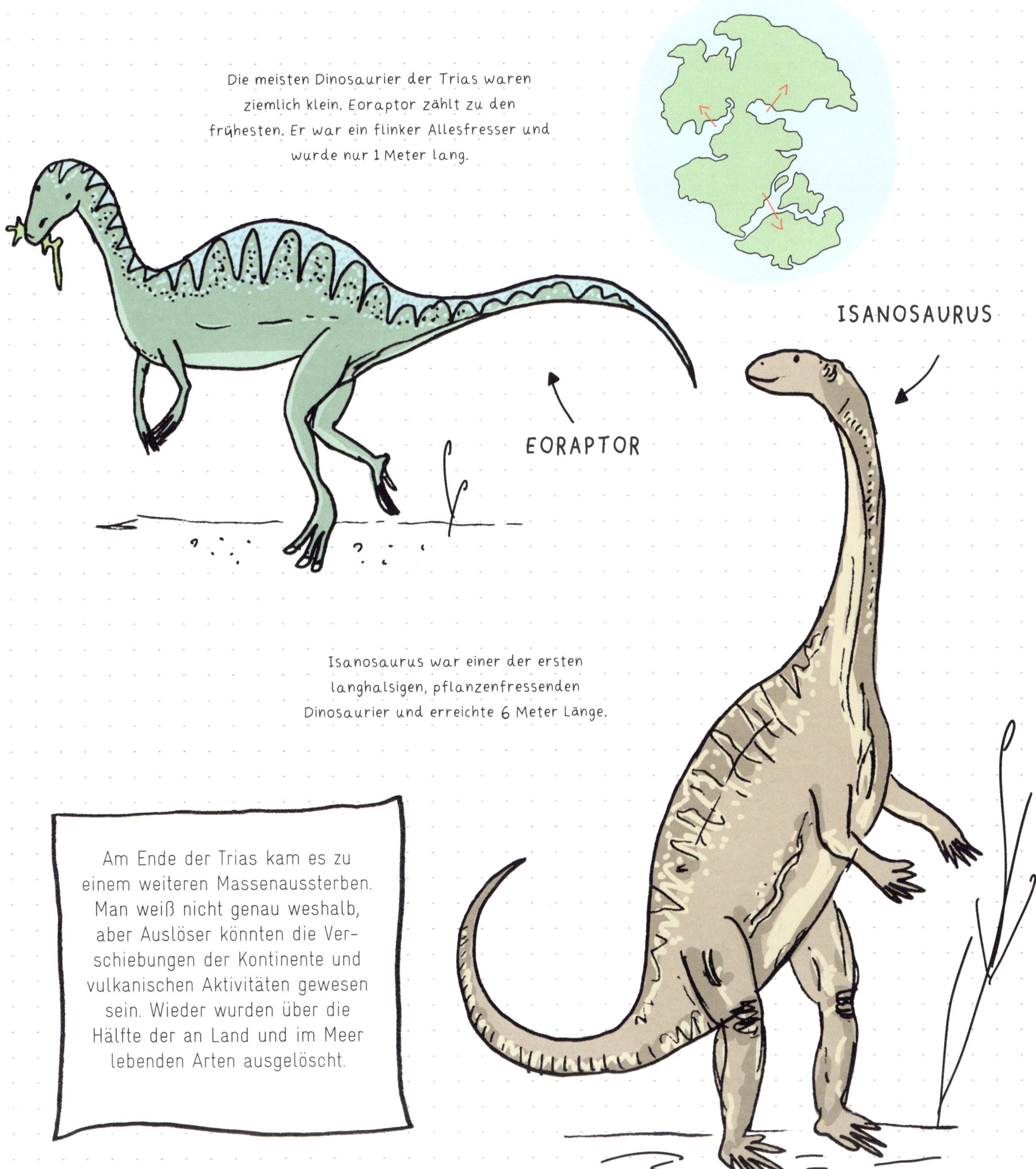

Isanosaurus war einer der ersten langhalsigen, pflanzenfressenden Dinosaurier und erreichte 6 Meter Länge.

Am Ende der Trias kam es zu einem weiteren Massenaussterben. Man weiß nicht genau weshalb, aber Auslöser könnten die Verschiebungen der Kontinente und vulkanischen Aktivitäten gewesen sein. Wieder wurden über die Hälfte der an Land und im Meer lebenden Arten ausgelöscht.

FALL Studie: MORGANUCODON

Gegen Ende der Trias traten erstmals kleine säugetierähnliche Arten auf.

Morganucodon war ein pelziges, mausähnliches Tier. Nachts, während die Dinosaurier schliefen, suchte es auf dem Waldboden nach Käfern und anderen Insekten. Tagsüber schlief es in einem unterirdischen Bau.

Morganucodon wurde bis zu 14 Jahre alt, viel älter als Nagetiere heute. Grund dafür war vermutlich sein langsamer Stoffwechsel. Er könnte wechselwarm gewesen sein wie die Reptilien.

Genau wie Säugetiere heute hatte Morganucodon drei Gehörknöchelchen und die Weibchen produzierten Milch, um ihre Jungen zu säugen. Allerdings brachten sie diese in ledrigen Eiern zur Welt, ähnlich denen heutiger Schnabeltiere und Ameisenigel.

Sinoconodon war eine ältere Übergangsform zwischen Säugetierartigen und Säugetieren. Er bekam laufend neue Zähne und hatte einen Reptilienschädel.

Weil die Dinosaurier nahezu alle Lebensräume beherrschten, konnten die frühen Säugetiere keine große Artenvielfalt entwickeln. 150 Millionen Jahre lang blieben sie kleine, insektenfressende Waldbewohner.

DER JURA

(vor 201 → 145 Mio. Jahren)

Die Teile von Pangäa trieben immer weiter auseinander. Der Meeresspiegel stieg an, das Klima wurde feuchtwarm. Die Dinosaurier füllten bald die vom Trias-Massenaussterben verursachte ökologische Lücke.

Im Mitteljura lebten Dinosaurier der unterschiedlichsten Größen und Formen. Manche liefen auf allen vieren, andere auf zwei Hinterbeinen. Es gab Fleisch-, Pflanzen- und Allesfresser. Es gab Dinosaurier mit Panzerplatten und mit Hörnern. Sie lebten allein oder in Herden, in tropischen Regenwäldern genau wie in Wüsten.

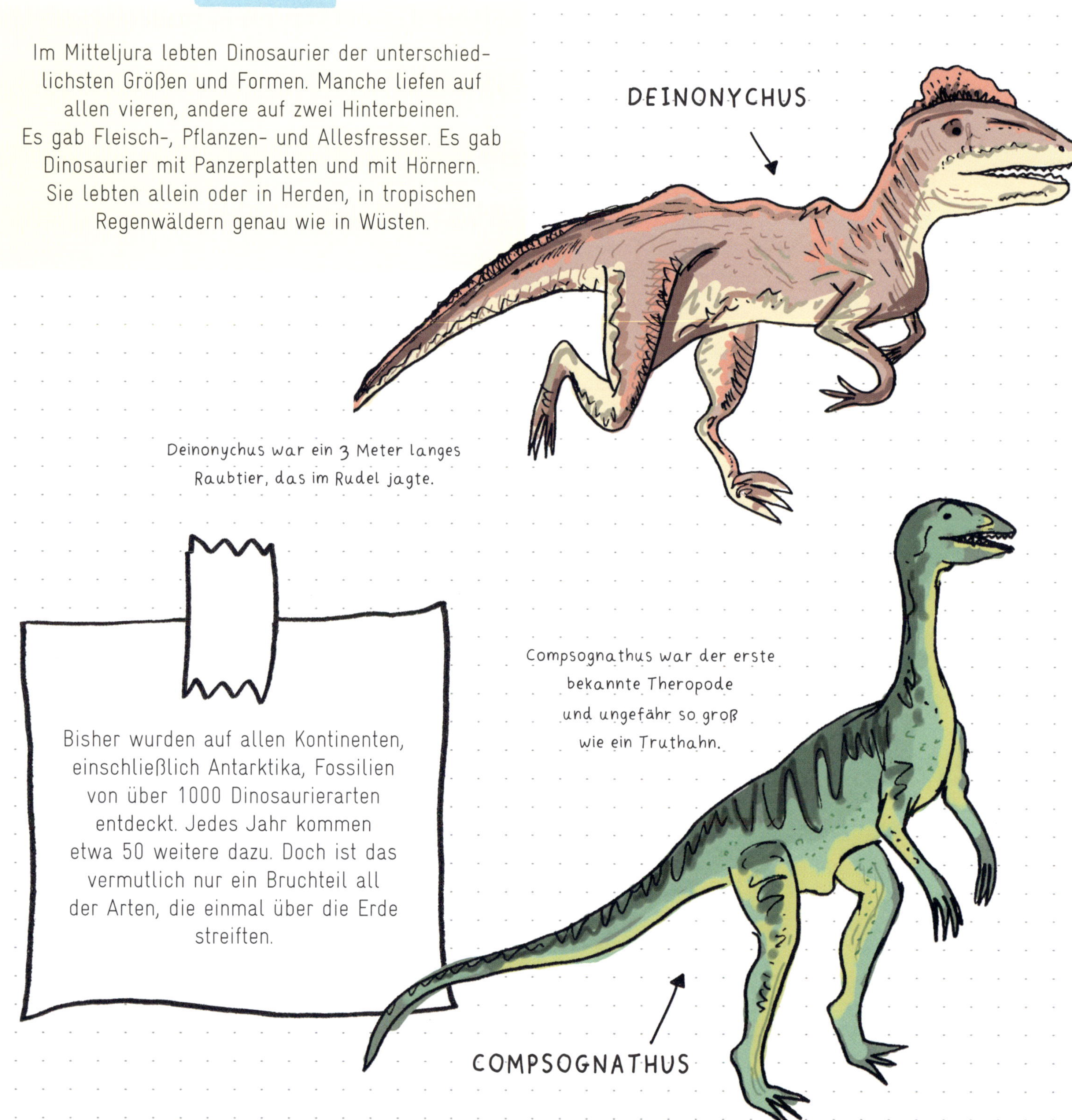

Deinonychus war ein 3 Meter langes Raubtier, das im Rudel jagte.

Compsognathus war der erste bekannte Theropode und ungefähr so groß wie ein Truthahn.

Bisher wurden auf allen Kontinenten, einschließlich Antarktika, Fossilien von über 1000 Dinosaurierarten entdeckt. Jedes Jahr kommen etwa 50 weitere dazu. Doch ist das vermutlich nur ein Bruchteil all der Arten, die einmal über die Erde streiften.

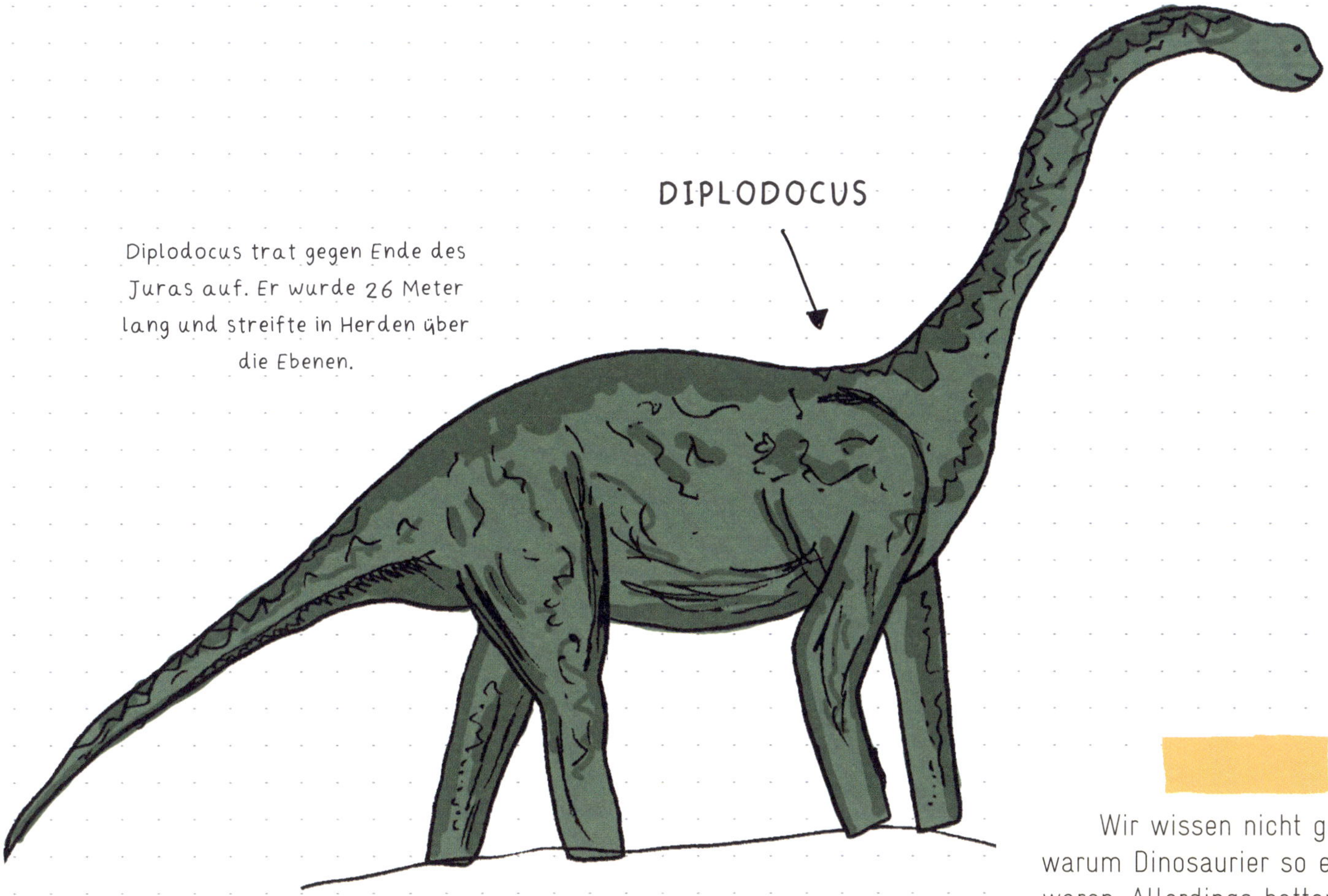

DIPLODOCUS

Diplodocus trat gegen Ende des Juras auf. Er wurde 26 Meter lang und streifte in Herden über die Ebenen.

Wir wissen nicht genau, warum Dinosaurier so erfolgreich waren. Allerdings hatten sie zwei entscheidende Vorteile:

Erstens besaßen sie Hinterbeine, die gerade unter dem Körper standen, anstatt der seitlich abgewinkelten Beine heutiger Krokodile. Dadurch liefen Dinosaurier schneller, weiter und sicherer als andere Archosaurier und konnten neue Lebensräume erobern.

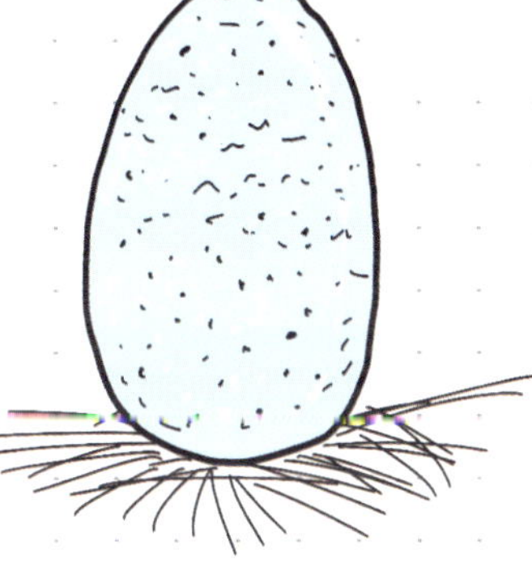

Zweitens vermehrten sich Dinosaurier schnell. Sie wurden früh erwachsen und konnten sich schon im Alter von 7 oder 8 Jahren fortpflanzen.

DINOSAURIER!

Dinosaurier teilt man nach der Position ihrer Becken und Hüften in zwei Gruppen ein:

Saurischia oder Echsenbecken-Dinosaurier: Zu ihnen zählen all die fleischfressenden Theropoden und all die langhalsigen, pflanzenfressenden Sauropoden.

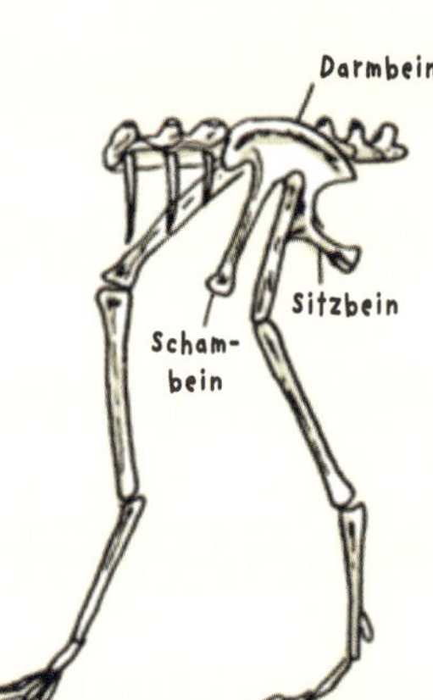

Das Saurischia-Becken ist nach vorne gerichtet.

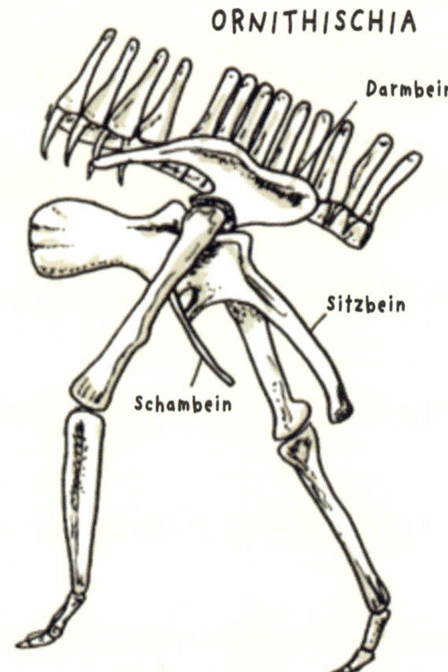

Das Ornithischia-Becken ist nach unten gerichtet.

Ornithischia oder Vogelbecken-Dinosaurier: Ihr Becken sieht wie das Becken heutiger Vögel aus. Dennoch stammen unsere Vögel nicht von ihnen ab, sondern von den Saurischia.

Diplodocus und Allosaurus waren Saurischia.

Hörner tragende Dinosaurier wie Triceratops, gepanzerte Dinosaurier wie Stegosaurus und Ankylosaurus sowie Entenschnabelsaurier wie Iguanodon und Corythosaurus waren alle Ornithischia.

ALLOSAURUS

STEGOSAURUS

ANKYLOSAURUS

Dinosaurier lebten ausschließlich auf dem Land. Ichthyosaurier, Plesiosaurier und Pterosaurier waren KEINE Dinosaurier, ebenso wenig wie das Reptil Dimetrodon.

WAS WIR ÜBER DINOSAURIER WISSEN

- Ihre Haut war rau, aber nicht schuppig wie die heutiger Reptilien.
- Sie legten Eier. Bei frühen Dinos hatten sie eine weiche Schale, bei späten Arten war die Schale hart.
- Ihre Kiefermuskulatur war kräftig und setzte oben am Schädel an. Deshalb konnten sie ihr Maul weit aufsperren.
- Der Sauerstoff aus der eingeatmeten Luft ging sofort ins Blut über, ohne Umweg über die Lunge. Die Atmung heutiger Vögel ist ähnlich effizient.
- Ihre hohlen Knochen waren stark genug, um den Körper zu stützen, aber so leicht, dass die Tiere sich schnell bewegen konnten.

WAS WIR ÜBER DINOSAURIER NICHT WISSEN

- Anders als viele heutige Tiere waren Dinosaurier nicht farbenblind. Deshalb könnte ihre Haut bunt gewesen sein, für die Partnersuche.
- Wir wissen nicht, wie intelligent sie waren. Weil Fleischfresser Jäger waren, müssen sie schlauer gewesen sein als Pflanzenfresser. Es gibt Hinweise darauf, dass eine Gruppe kleiner, vogelähnlicher Theropoden sehr intelligent war – vielleicht so intelligent wie heutige Krähen.
- Wir wissen nicht, ob sie wechsel- oder gleichwarm waren. Vogelbecken-Dinosaurier wie Stegosaurus waren vermutlich wechselwarm und mussten sich stundenlang sonnen, um ihren Körper aufzuwärmen. Sauropoden dagegen waren ständig aktiv, könnten also gleichwarm gewesen sein. Manche Dinosaurier könnten mesotherm, also mittelwarm, gewesen sein: Bakterien in ihrem Darm erzeugten durch Fermentation Wärme und wärmten sie damit von innen.
- Manche Arten könnten Federn gehabt haben, die bei der Regulierung der Körpertemperatur halfen. Allerdings wissen wir nicht, ob nur Theropoden gefiedert waren oder auch einige Pflanzenfresser.

FALL Studie: ARCHAEOPTERYX

Im Kalkgestein eines Steinbruchs bei Solnhofen in Bayern wurde 1860 ein Fossil gefunden, das wie eine Kreuzung aus Dinosaurier und Vogel aussah.

Es hatte einen langen Schwanz wie ein Dinosaurier.

Das später Archaeopteryx genannte Tier lebte vor 144 bis 159 Millionen Jahren. Es gilt heute als die Übergangsform in der Entwicklung von Dinosauriern zu Vögeln.

Sein Fuß mit drei krallenbewehrten Zehen ähnelte dem der Theropoden.

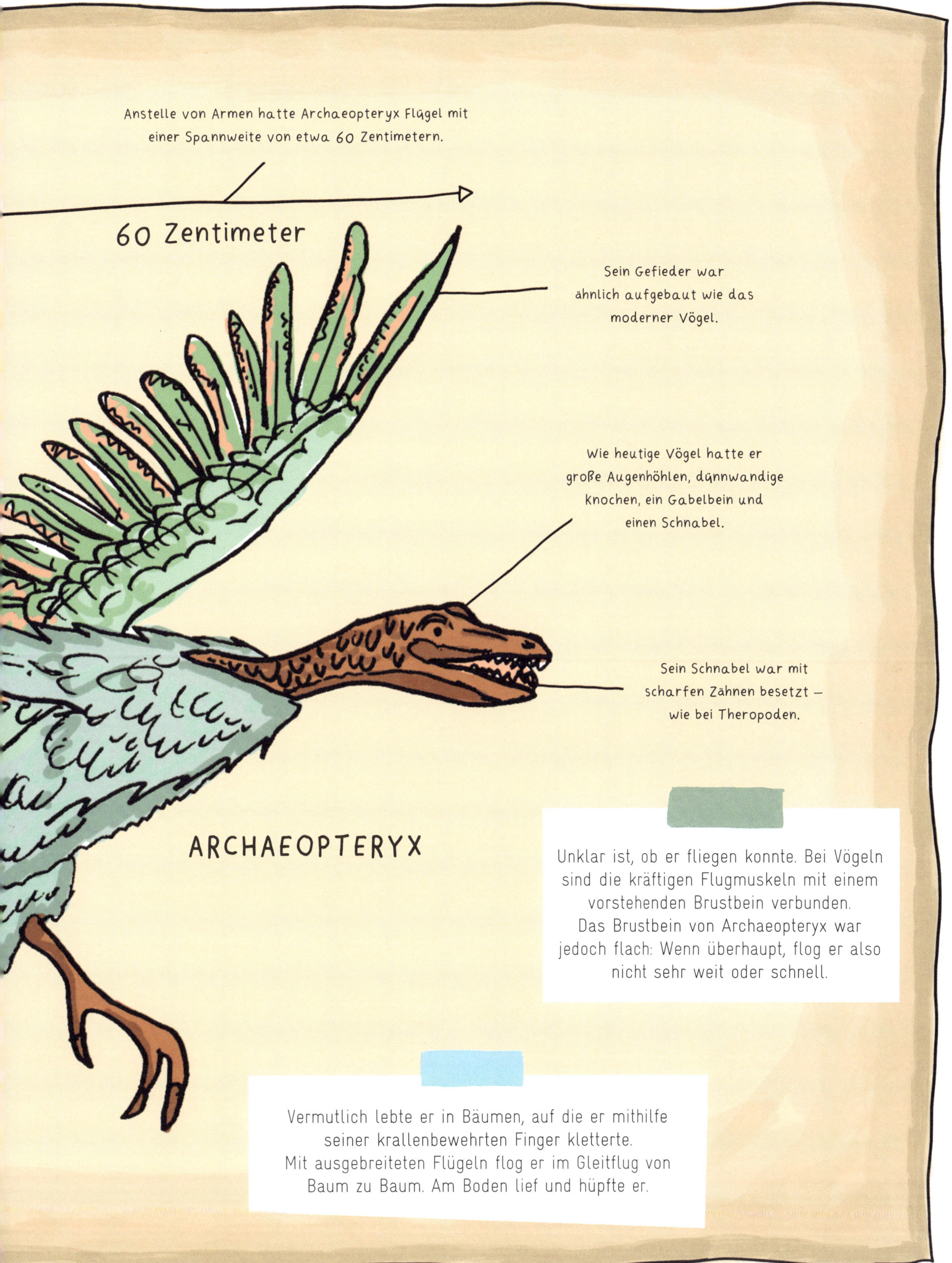

ARCHAEOPTERYX

Unklar ist, ob er fliegen konnte. Bei Vögeln sind die kräftigen Flugmuskeln mit einem vorstehenden Brustbein verbunden. Das Brustbein von Archaeopteryx war jedoch flach: Wenn überhaupt, flog er also nicht sehr weit oder schnell.

Vermutlich lebte er in Bäumen, auf die er mithilfe seiner krallenbewehrten Finger kletterte. Mit ausgebreiteten Flügeln flog er im Gleitflug von Baum zu Baum. Am Boden lief und hüpfte er.

DIE KREIDE (vor 145 → 66 Mio. Jahren)

Die letzte und längste Periode des Mesozoikums ist die Kreide. Dinosaurier herrschten über das Land, riesige Reptilien über das Meer und Pterosaurier über den Himmel.

Das bedeutendste Ereignis der Kreidezeit war die Entwicklung von Samenpflanzen. Sie traten erstmals vor 125 Millionen Jahren auf. Gemeinsam mit ihrer Artenvielfalt entwickelten sich neue Insekten.

In der Kreide gab es die ersten Bienen und Ameisen.

TRICERATOPS

Neue Arten von Insektenfressern und immer mehr neue Säugetiere entwickelten sich. Darunter auch Beuteltiere, die Vorfahren von Kängurus und Koalas. Auch Plazentatiere gab es jetzt, bei denen sich die Jungen im Bauch der Mutter entwickelten. All diese Säugetiere waren ziemlich klein, viel kleiner als die meisten Dinosaurier.

Aus der zersplitterten Pangäa entstanden die Kontinente, die wir heute kennen. Südamerika trennte sich von Afrika ab, Nordamerika von Eurasien. Der Meeresspiegel war in der Kreide höher als in jeder anderen Zeitspanne der Erdgeschichte.

DREADNOUGHTUS

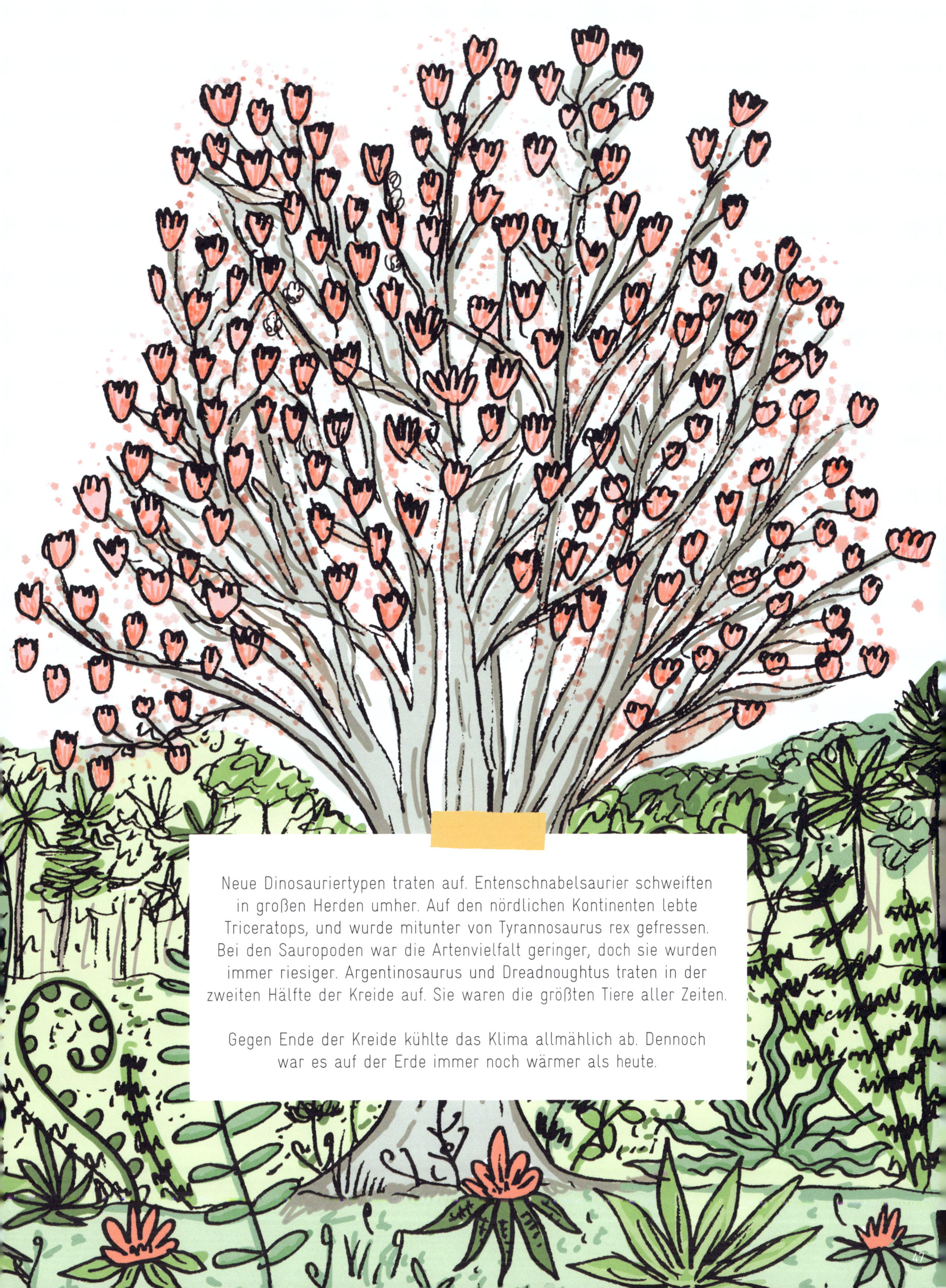

Neue Dinosauriertypen traten auf. Entenschnabelsaurier schweiften in großen Herden umher. Auf den nördlichen Kontinenten lebte Triceratops, und wurde mitunter von Tyrannosaurus rex gefressen. Bei den Sauropoden war die Artenvielfalt geringer, doch sie wurden immer riesiger. Argentinosaurus und Dreadnoughtus traten in der zweiten Hälfte der Kreide auf. Sie waren die größten Tiere aller Zeiten.

Gegen Ende der Kreide kühlte das Klima allmählich ab. Dennoch war es auf der Erde immer noch wärmer als heute.

FALL Studie: MAIASAURA

Der Name dieses Entenschnabelsauriers aus der späten Kreide (vor 86 bis 70 Millionen Jahren), bedeutet wörtlich „Gute-Mutter-Echse". Zuerst wurden Maiasaura-Fossilien 1978 in Montana, USA, entdeckt. Das versteinerte Skelett eines Weibchens lag neben den Überresten eines Nests und ausgeschlüpften Dino-Babys. Dies war der erste Beweis dafür, dass manche Dinosaurier sich um ihren Jungen kümmerten. Seither wurden zahlreiche weitere Exemplare gefunden, sodass wir über diese Tiere mittlerweile einiges wissen.

Maiasaura war ungefähr 9 Meter lang, hatte den für Entenschnabelsaurier (Hadrosaurier) typischen flachen Schnabel und einen kleinen Knochenkamm über den Augen. Vor Fressfeinden rannten diese Dinosaurier vermutlich schnell davon. Schutz boten ihnen auch ihre riesigen Herden mit bis zu 10.000 Tieren.

MAIASAURA-FOSSIL

Maiasaura waren Pflanzenfresser. Ihre Jungen zogen sie in großen Brutkolonien auf. Maiasaura-Eier waren in etwa so groß wie Straußeneier und die Elterntiere bedeckten sie mit verrottenden Pflanzen, um sie warmzuhalten.

Junge Maiasaura gingen auf den Hinterbeinen, aber die älteren Tiere waren auf allen vieren unterwegs.

Die Babys blieben 12 bis 18 Monate in der Brutkolonie. Sie wuchsen schnell und waren nach 1 Jahr dreimal größer als nach dem Schlüpfen. Nach 3 Jahren waren sie schon fortpflanzungsfähig.

DAS MASSENAUSSTERBEN

an der Kreide-Paläogen-Grenze

Die Kreide endete mit einer Katastrophe, die 75 Prozent aller Lebensformen auslöschte. Darunter auch alle Dinosaurier.

Wir wissen immer noch nicht genau, wie das passiert ist. Am wahrscheinlichsten ist, dass ein gewaltiger Meteorit mit 10 bis 15 Kilometern Durchmesser auf der Erde aufschlug. Dadurch entstanden Staubwolken, die den Himmel monatelang verdunkelten, sodass die meisten Pflanzen und in der Folge sehr viele Tiere starben.

Für diese „Impakt-Hypothese" genannte Theorie gibt es viele geologische Anhaltspunkte. In Mexiko wurde ein 180 Kilometer breiter Einschlagkrater entdeckt. Und Gestein aus dieser Zeit enthält sehr viel Iridium. Das ist ein seltenes Metall, das häufiger in Asteroiden vorkommt als in der Erdkruste. Es gibt auch Hinweise auf einen gewaltigen, durch den Aufschlag ausgelösten Tsunami, der Nord- und Mittelamerika überspülte.

Dennoch bleiben viele Fragen offen: Warum starben beinahe alle Meeresbewohner aus, während in Süßwasser lebende Tiere verschont blieben? Wie konnten bestimmte Gruppen von Landtieren, darunter Säugetiere, Amphibien und kleinere Archosaurier, die Katastrophe überstehen, während die Dinosaurier ausgelöscht wurden?

Möglicherweise löste der Meteoritenaufschlag auch noch andere Ereignisse aus, darunter Verschiebungen von Kontinentalplatten und vulkanische Aktivität. Die Auswirkungen könnten für bestimmte Arten tödlich gewesen sein. Auf jeden Fall war durch das Verschwinden der Dinosaurier der Weg frei für andere Tiere, sich stärker zu verbreiten. Das Zeitalter der Säugetiere begann.

DAS KÄNOZOIKUM

(vor 66 Mio. Jahren → heute)

Nach der K-P-Grenze sah die Welt ganz anders aus. Die Dinosaurier waren verschwunden. Ihre einzigen überlebenden Verwandten waren die Vögel und die Vorfahren der Krokodile. Die Säugetiere füllten die ökologischen Nischen durch Anpassung. Das Känozoikum wird in drei Perioden unterteilt:

DAS PALÄOGEN

(vor 66 – 23 Mio. Jahren)

Im Paläogen war es sehr warm. In den dichten Wäldern, die das Land bedeckten, lebten kleine Säugetiere.

DAS NEOGEN

(vor 23 – 2,6 Mio. Jahren)

Im Neogen kühlte das Klima ab. Grasland verdrängte viele Wälder und die Säugetiere wurden größer. Die ersten Vorfahren der Menschen traten auf.

DAS QUARTÄR

(vor 2,6 Mio. Jahren – heute)

Im Quartär wurde es noch kälter. Mehrere Eiszeiten ließen den Meeresspiegel absinken. Am Ende der letzten Eiszeit, vor 12.000 Jahren, entwickelte sich unsere Art, Homo sapiens, zum mächtigsten Tier, das je auf der Erde gelebt hatte. Es begann, die Ökosysteme schneller zu verändern als jemals zuvor.

DAS PALÄOGEN

(vor 66 Mio. → 23 Mio. Jahren)

Die erste Periode des Känozoikums heißt Paläogen und ist in drei Epochen unterteilt: Paläozän, Eozän und Oligozän.

Das Klima wurde wieder tropisch, sodass Regenwälder alle Kontinente bedeckten. Der Meeresspiegel war hoch, die Kontinente trieben weiter auseinander.

Nach dem Aussterben der Dinosaurier konnten Säugetierarten sich immer besser an die verschiedenen Lebensräume anpassen. Doch weil der Regenwald sehr dicht war, blieben die Säugetiere klein.

In dieser Periode traten die ersten Affen auf. Sie waren zwar sehr klein, besaßen aber ein verhältnismäßig großes Gehirn und sehr bewegliche und geschickte Hände.

Im Eozän stießen Kontinentalplatten gegeneinander und an ihren Rändern falteten sich hohe Gebirge wie der Himalaja und die Anden auf. Als Folge dieser Ereignisse änderten die Meeresströmungen ihre Richtung und der Planet kühlte ab.

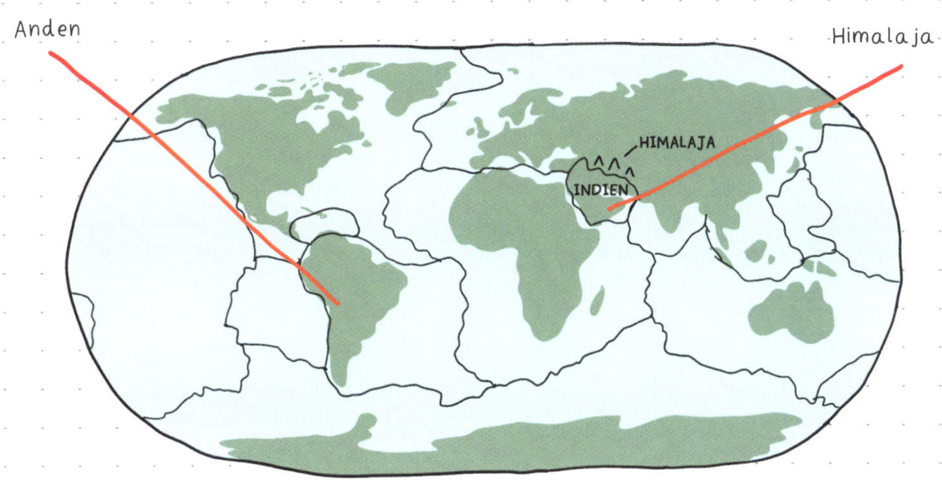

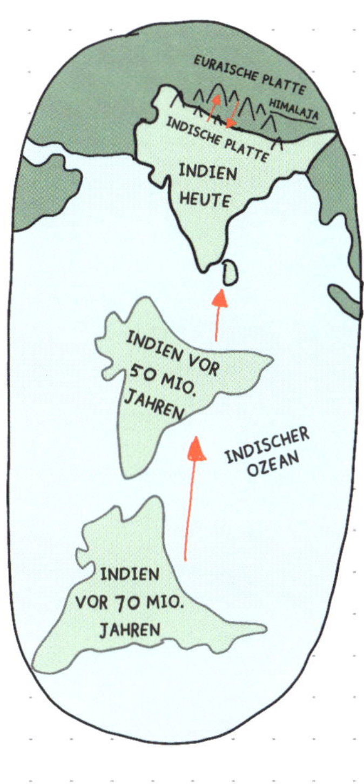

Die Regenwälder schrumpften und Säugetiere konnten größer werden. Manche waren sogar viel größer als die Säugetiere, die wir heute kennen. Es gab riesige Elefanten, Pferde, Hirsche und Wölfe.

ANDREWSARCHUS

Andrewsarchus ist das größte bekannte fleischfressende Säugetier aller Zeiten. Es wurde 3,5 Meter lang und sah wie eine Mischung zwischen Wolf und Wildschwein aus. Jedoch war es enger mit Walen und Flusspferden verwandt.

Im Oligozän wurde es immer kälter. Riesige Gletscher bildeten sich und schlossen große Wassermengen ein. Dadurch sank der Meeresspiegel und Landbrücken entstanden. Auf weiten Graslandflächen traten die ersten Giraffen, Kamele und Schweine auf.

FALL Studie: EVOLUTION DER WALE IM PALÄOGEN

Die Entwicklung der Wale begann vor etwa 50 Millionen Jahren. Ihre engsten lebenden Verwandten sind Flusspferde. Wale und Flusspferde haben als gemeinsamen Vorfahren ein Huftier: den wolfsähnlichen Pakicetus, der an Ufern lebte und mit seinem langen Maul Fische fing.

Die Nachfahren des Pakicetus verbrachten allmählich immer mehr Zeit im Wasser und wurden gute Schwimmer.

AMBULOCETUS
Ambulocetus hatte einen stromlinienförmigen Körper und kräftige Kiefer. Er hielt sich meist im Wasser auf, konnte an Land aber immer noch laufen.
BASILOSAURUS
Basilosaurus war länger und schlanker als unsere Wale. Er hatte kurze Hinterbeine und Flossen statt Arme. Seine Nasenlöcher saßen weiter oben auf dem Kopf, sodass er zum Atmen nicht ganz auftauchen musste. Er konnte nicht mehr an Land gehen.
BLAUWAL
Schließlich nahmen Wale die Gestalt an, die wir heute kennen. Aus den Nasenlöchern oben am Kopf wurde ein Blasloch. Eine dicke, Blubber genannte Fettschicht isolierte den Körper gegen Kälte. Die Hinterbeine waren nur noch winzig. Dafür war der Schwanz zu einer kraftvollen Fluke (Schwanzflosse) geworden.

FALL TERRORVÖGEL

Studie: DES PALÄOGENS & NEOGENS

(VOR 53 MIO. JAHREN!)

Im frühen und mittleren Känozoikum gab es flugunfähige, fleischfressende Riesenvögel, die wir Phorusrhacidae oder „Terrorvögel" nennen.

Terrorvögel waren die engsten überlebenden Verwandten der Dinosaurier. Sie ähnelten Theropoden und wurden bis zu 3 Meter groß und 450 Kilogramm schwer. Ihre scharfen Schnäbel und Krallen waren tödliche Waffen.

Man glaubt, dass die Terrorvögel ihre Beute zuerst durch Tritte verletzten und sie dann unter ihren Füßen einklemmten, um sie zu Tode zu picken.

Versteinerungen von Gehörknöchelchen deuten darauf hin, dass sie tiefe Frequenzen hören konnten und sich mit einem tiefen Brüllgeräusch verständigten.
Ihre Blütezeit war im Miozän und frühen Pliozän. Sie zogen vor allem in den Ebenen Südamerikas umher, kamen aber auch in Nordamerika, Afrika und Europa vor.
PHORUSRHACOS
Terrorvögel konnten zwar nicht fliegen, aber bis zu 100 Kilometer pro Stunde schnell laufen.
Wir wissen nicht genau weshalb, aber vor 2,7 Millionen Jahren begannen sie auszusterben. Ein Grund war möglicherweise die Einwanderung großer fleischfressender Hunde aus Nordamerika. Vor 2 Millionen Jahren gab es dann fast keine mehr.

DAS NEOGEN (vor 23 → 2,6 Mio. Jahren)

Die mittlere Periode des Känozoikums nennt man das Neogen. Man gliedert es in zwei Epochen: Miozän und Pliozän.

Neogen bedeutet „neugeboren“.

Im Miozän kühlte die Erde immer weiter ab. Das Grasland und die auf ihm grasenden Tiere entwickelten sich gemeinsam. Frühe pferdeähnliche Säugetiere bekamen kräftige Zähne und ein Verdauungssystem, das die harten Gräser verarbeiten konnte. Deshalb wuchsen die Gräser immer schneller aus der Wurzel nach. Manche grasfressenden Tiere wurden sehr schnell, sodass ihre Fressfeinde ebenfalls schneller werden mussten. Vorfahren von Katzen und Hunden entwickelten sich.

Auch die erstmals im Paläogen aufgetretenen Affen machten Fortschritte. In Südeuropa lebten nun große schwanzlose Affen auf Bäumen und am Boden. Sie hatten ein großes Gehirn und Daumen, mit denen sie gut greifen konnten. Sie setzten Stöcke und Steine ein, um Nüsse zu knacken oder sich zu verteidigen.

Im Pliozän stießen Nord- und Südamerika zusammen, sodass eine Verbindung entstand. Eurasien und Afrika waren jetzt ebenfalls durch eine Landbrücke verbunden. Tiere wanderten von einem Kontinent zum anderen. Nur Australien blieb isoliert und entwickelte seine eigene Pflanzen- und Tierwelt.

Auf der Erde folgten mehrere Eiszeiten aufeinander. Die Affen Europas wanderten ins wärmere Afrika und entwickelten sich dort rasch weiter. Vor etwa 3 Millionen Jahren begannen einige von ihnen auf zwei Beinen zu laufen. Diese Hominini genannten Affen sind unsere Vorfahren.

FALL Studie: EVOLUTION DES MENSCHEN

Durch Fossilien wissen wir, dass die frühesten Hominini vor etwa 3,8 Millionen Jahren auftraten. Diese Australopithecus genannte Art war viel kleiner als heutige Menschen. Auch ihr Gehirn war kleiner als unseres.

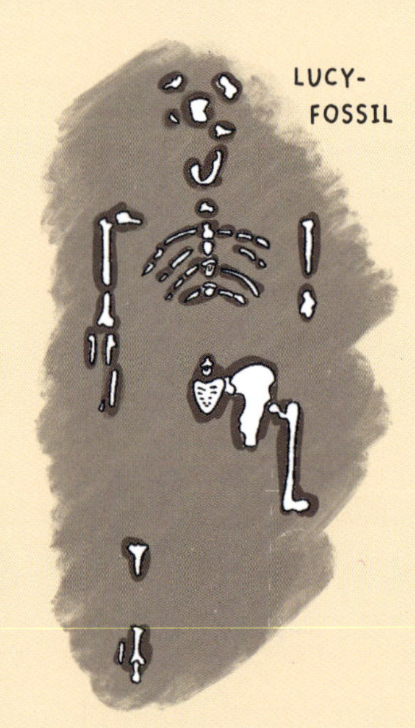

Dank dem in Äthiopien entdeckten fossilen Skelett „Lucy" wissen wir, dass Australopithecus auf zwei Beinen lief, aber viel Zeit auf Bäumen verbrachte.

Vor ungefähr 3 Millionen Jahren traten neue, uns ähnlichere Hominini-Arten auf. Sie unterschieden sich voneinander, tragen jedoch alle den Gattungsnamen Homo, was „Mensch" bedeutet.

Homo habilis lebte vor 2,8 bis 1,4 Millionen Jahren. Habilis bedeutet „geschickt": Diese Art stellte Werkzeug und Waffen aus Steinen und Knochen her. Sie lebte teils auf Bäumen, teils am Boden, und ging nicht richtig aufrecht.

Homo erectus trat vor 1,9 Millionen Jahren auf. Er ging aufrecht und hatte ungefähr unsere Größe. Sein Gehirn war doppelt so groß wie das von Australopithecus. Er nutzte sorgfältig bearbeitete Steine und war vielleicht unser erster Vorfahre, der mit Feuer umgehen konnte. Feuer war für unsere Evolution sehr wichtig, weil es das Kochen und die Verarbeitung von Fleisch ermöglichte.

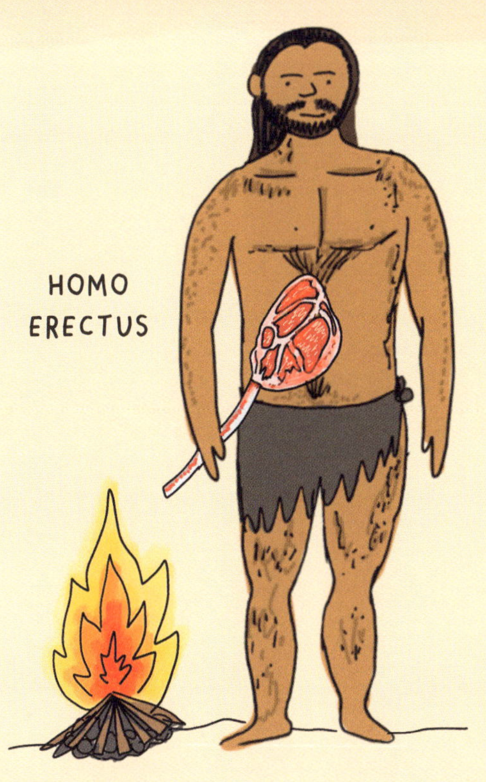

Homo neanderthalensis, auch Neandertaler genannt, war mit seinem kräftigen Körperbau, kurzen Gliedmaßen und der großen Nase, die Atemluft besser erwärmte, an das kalte europäische Klima angepasst.

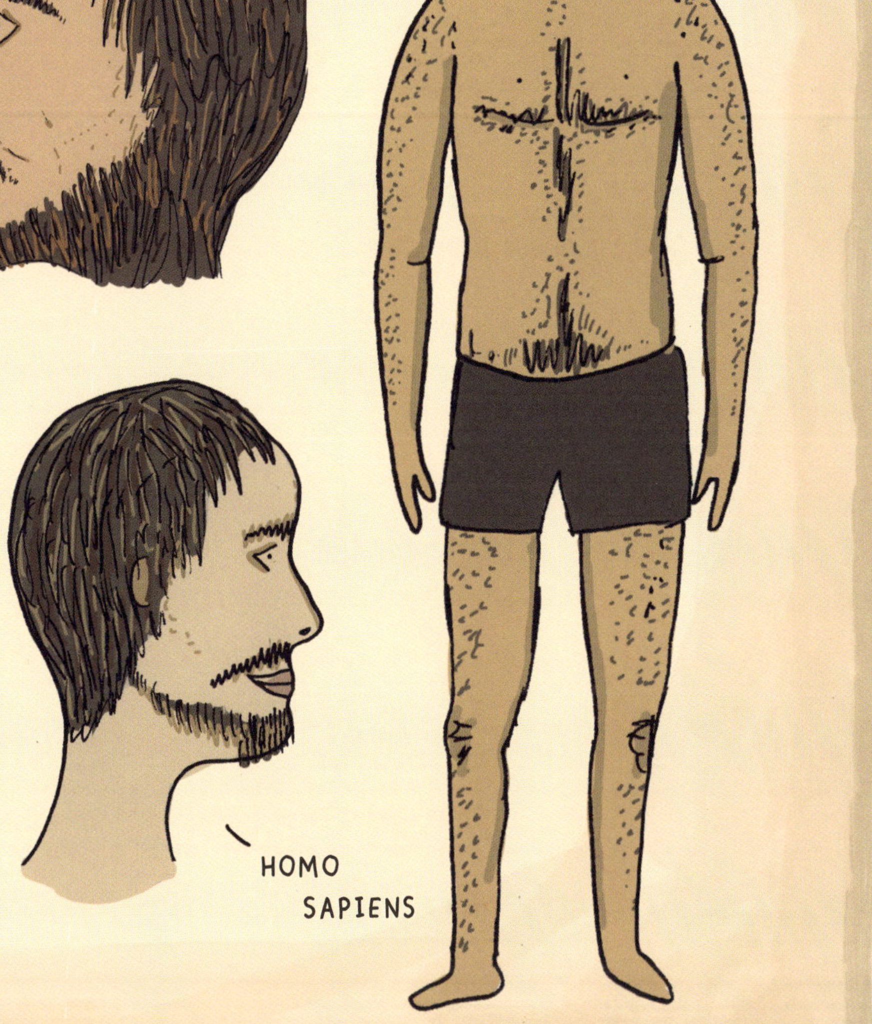

Homo sapiens, der moderne Mensch, trat erstmals vor 300.000 Jahren in Afrika auf. Sein Gehirn und seine sozialen Fähigkeiten waren höher entwickelt als bei älteren Hominini. Während er sich von Afrika aus über Asien und Europa ausbreitete, starben die anderen Homo-Arten aus. Vermutlich wurden sie von Homo sapiens getötet, doch kann es auch zu Vermischungen verschiedener Arten gekommen sein. Zwischen einem und vier Prozent unserer DNS stammt vom Neandertaler.

DAS QUARTÄR 1: DAS PLEISTOZÄN

(Vor 2,6 Mio. → 11.700 Jahren)

Das Quartär ist die jüngste geologische Periode. Es dauert seit 2,6 Millionen Jahren bis heute an, ein Zeitraum, der nur 0,01 Prozent der Erdgeschichte entspricht. Wir gliedern es in zwei Epochen: Pleistozän und Holozän.

Das Pleistozän wird oft als „die Eiszeit" bezeichnet. Das Klima änderte sich stark. In großen Teilen Europas und Nordamerikas breiteten sich Gletscher aus und schrumpften dann wieder. Dabei formten sie die Landschaften, die wir heute kennen. Zeitweise waren bis zu 30 Prozent der Erdoberfläche von Eis bedeckt.

Den frühen Menschen gelang es, in diesem Klima zu überleben und sich weiterzuentwickeln. Homo sapiens trat im späten Pleistozän auf und meisterte das Leben in unwirtlicher Umgebung. Aus Steinen fertigte er Äxte, Messer und Grabwerkzeug. Er baute Unterschlüpfe, beherrschte das Feuer und nähte sich Kleidung. All das half, mit der Kälte zu leben.

Auch Säugetierarten wie Wollhaarmammuts, riesige Bären, Bisons und Säbelzahnkatzen passten sich an die Kälte an. Allerdings kam es gegen Ende des Pleistozäns zu einem großen Artensterben, dem zwei Drittel der großen Säugetiere zum Opfer fielen.

Dieses Artensterben scheint nicht durch einen Klimawandel ausgelöst worden zu sein, doch es fällt mit der Ausbreitung des Menschen von Afrika aus zusammen. Immer wenn Menschen einen neuen Kontinent erreichten, verschwand die dortige Megafauna, also alle über 40 Kilogramm schweren Tiere. Offenbar jagten Menschen überall dort, wo sie hinkamen, große Tiere – bis diese ausgerottet waren.

EINE GALERIE DER AUSGESTORBENEN MEGAFAUNA DES PLEISTOZÄNS

Ein erlegtes Mammut machte viele Menschen satt. Aus dem Fell wurde Kleidung hergestellt, aus den Stoßzähnen Waffen.

Es war 3 Meter lang und wog 1 Tonne.

Ein riesiges hornloses Nashorn mit langem Hals.

KYPTOCERAS

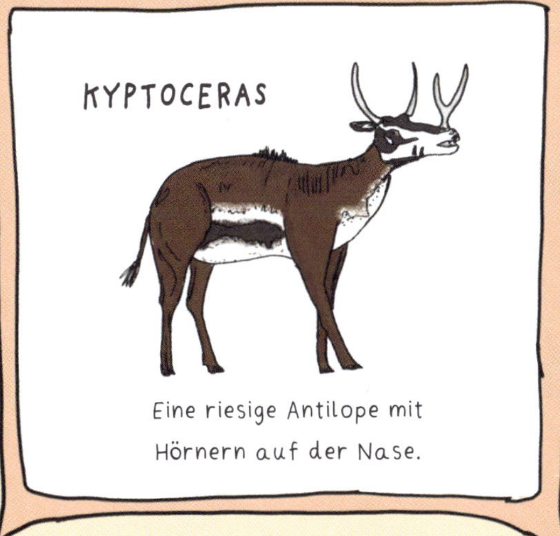

Eine riesige Antilope mit Hörnern auf der Nase.

TOXODON

Ein sehr haariges Nashorn.

SMILODON

Smilodon, eine Säbelzahnkatze mit 20 Zentimeter langen Reißzähnen, war so groß wie unsere Löwen.

DAEODON

Ein riesiger Allesfresser, ähnlich unseren Schweinen.

MASTODON

Ein kleinerer Verwandter der Mammuts.

DAS QUARTÄR 2: DAS HOLOZÄN

(Vor 11.700 Jahren → heute)

Das Holozän begann vor 11.700 Jahren. Diese Periode ist das Zeitalter der Menschen.

Es ist eine warme Periode, die mit einer Eiszeit anfing und daher auch mit einer enden könnte. Mit dem Wegschmelzen der Gletscher entstanden neue Lebensräume für Pflanzen und Tiere.

Menschen breiteten sich auf allen Kontinenten (außer auf Antarktika) aus. Zuerst streiften sie in Gruppen von Jägern und Sammlern umher. Vor ungefähr 10.000 Jahren begannen sie, Siedlungen anzulegen, Felder zu bewirtschaften und Tiere zu halten. Dies führte dazu, dass sich die Menschen rasch vermehrten und immer neue Regionen erkundeten und besiedelten.

In den letzten 4000 Jahren bauten die Menschen Städte und erzielten unglaubliche technische Fortschritte. Das wirkte sich auch auf die Umwelt aus. Landwirtschaft und Industrie veränderten die Landschaft und verschmutzten Luft, Boden und Wasser. Wir wissen, dass menschliches Handeln die Klimaerwärmung beschleunigt, was dramatische Veränderungen zur Folge hat. Das geschieht so schnell, dass viele Arten nicht genug Zeit haben, sich an die neuen Lebensbedingungen anzupassen – und aussterben.

Da wir erst so kurz existieren, kann man nicht wissen, was der Fossilbericht einst über unsere Zeit aussagen wird. Es gibt jedoch erste Hinweise, dass sich die Millionen Tonnen Plastik, die wir jedes Jahr produzieren, mit ziemlich hoher Wahrscheinlichkeit dort ablagern.

Weil wir wissen, wie sich das Leben auf der Erde entwickelt hat, können wir die Zukunft voraussehen. Und planen, was wir tun müssen, um unseren Planeten und die auf ihm lebenden Arten zu schützen.

PALÄONTOLOGIE HEUTE

Der Fossilbericht ist wie ein großes Puzzle, bei dem die meisten Teile fehlen. Wir können nur ein Bruchteil aller existierenden Fossilien finden und von vielen Arten sind gar keine Fossilien erhalten. Paläontologen müssen anhand der wenigen vorhandenen Hinweise herausbekommen, wie sich unser Planet und seine Bewohner entwickelt haben.

Die Paläontologie beschäftigt sich nicht nur mit Dinosauriern, sondern auch mit Insekten, Pflanzen und allen anderen Organismen. Paläontologinnen und Paläontologen erforschen meist ein spezielles Element und versuchen zu verstehen, wie es sich im Laufe der Erdgeschichte entwickelt hat.

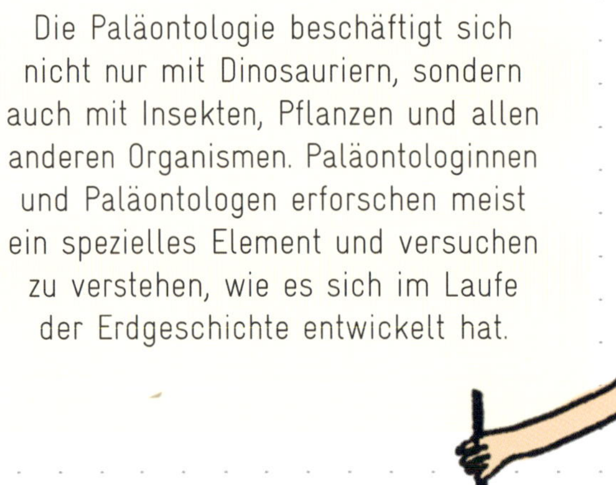

Mikropaläontologen untersuchen mikroskopisch kleine Fossilien von Viren, Bakterien und Parasiten, die viel über die Lebensbedingungen in der Urzeit verraten.

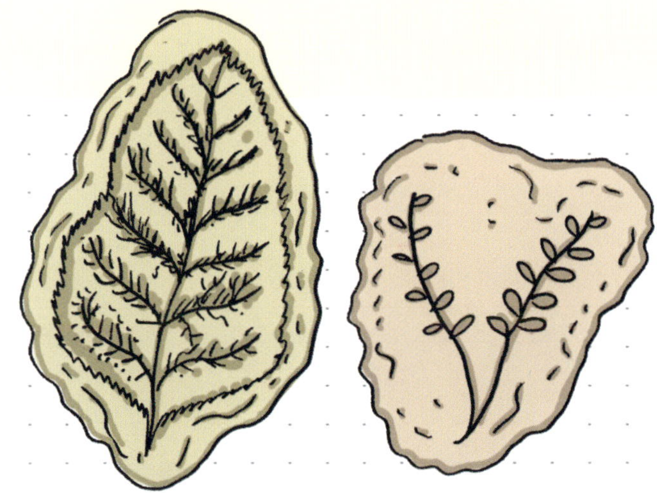

Paläobotaniker untersuchen fossile Pflanzen, Algen und Pilze.

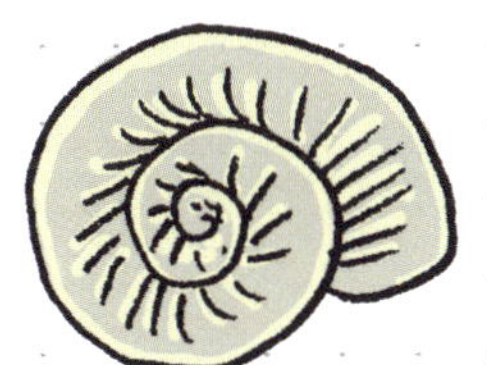

Palynologen studieren Pollen und Sporen.

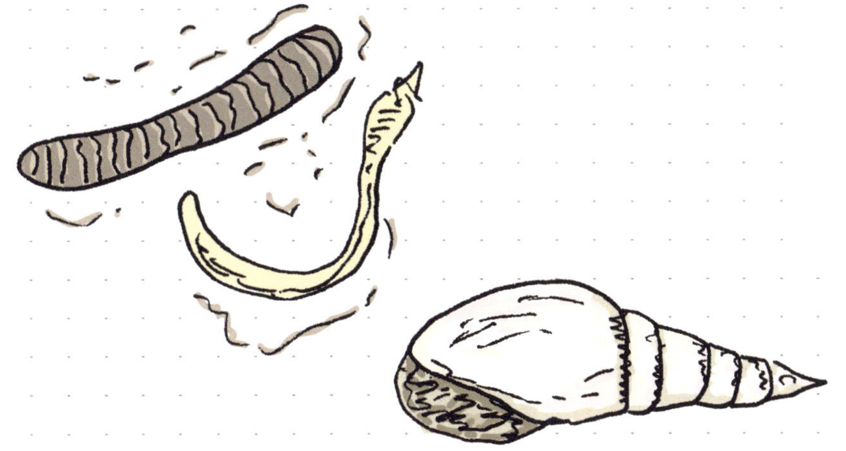

Manche **Paläontologen** spezialisieren sich auf wirbellose Tiere wie Schnecken und Würmer. Muschelschalen enthalten chemische Spuren von Veränderungen der Atmosphäre und helfen dabei, Gesteinsschichten zu datieren.

Wirbeltierpaläontologen untersuchen die Fossilien von Wirbeltieren wie Fischen, Archosauriern, Dinosauriern und Säugetieren.

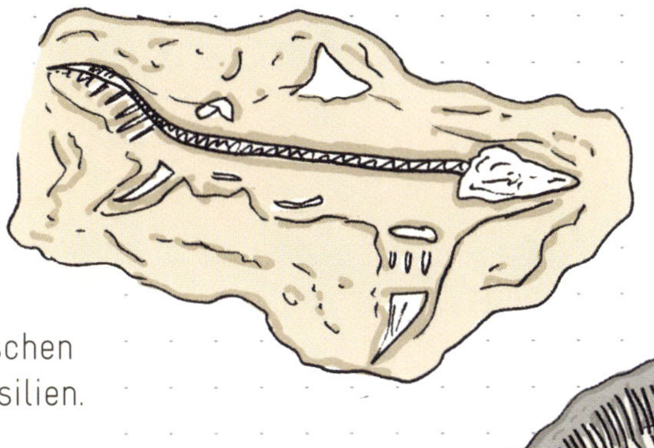

Taphonomisten erforschen die Entstehung von Fossilien.

Ichnologen interessieren sich für fossile Spuren, Nester und Koprolithen (fossile Kacke).

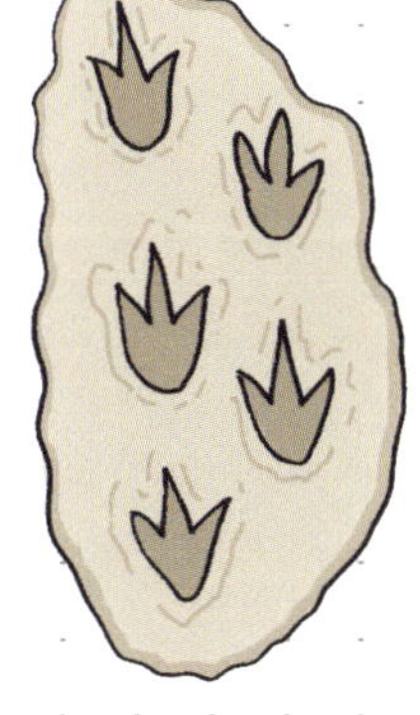

Paläoökologen untersuchen, wie sich das Klima der Vergangenheit auf die Entwicklung des Lebens auswirkte.

WIE KOMMT EIN DINOSAURIER INS MUSEUM?

Vermutlich hast du schon einmal in einem Museum ein riesiges Dinosaurierskelett gesehen. Ein beeindruckender Anblick! Aber wie ist es ins Museum gekommen? Von der Entdeckung über das Ausgraben bis zum Ausstellen ist es ein langer Weg.

AM FUNDORT:

Manche Fossilien sind Zufallsfunde, aber die meisten werden auf paläontologischen Expeditionen entdeckt.

Zuerst fahnden die Forschenden nach Orten, an denen Fossilienfunde wahrscheinlich sind. Mithilfe von geologischen Karten und Satellitenaufnahmen suchen sie nach Sedimentgestein (Seite 11), das sich im Mesozoikum gebildet hat.

Die vielversprechendsten Orte sind kahle Felsgrate und Schluchten ohne Pflanzenbewuchs, wo Fossilienteile am ehesten auffallen.

AUSSCHAU HALTEN

In dieser Phase streifen die Forschenden durch das ausgewählte Gebiet, um Fossilfragmente zu entdecken und herauszufinden, aus welcher Gesteinsschicht sie stammen.

AUSGRABEN

Sobald eine Gesteinsschicht entdeckt wird, die Fossilien enthält, wird das sie umgebende Gestein entfernt. Früher wurde es oft mit Dynamit weggesprengt. Heute arbeitet man vorsichtiger: mit Hammer, Spitzhacke, Schaufel und Präzisionsbohrer.

Je näher man an das Fossil herankommt, desto behutsamer geht man vor. Zuletzt verwendet man nur noch Zahnarztinstrumente und weiche Pinsel.

VERPACKEN

Wenn die Fossilien ganz freigelegt sind, müssen sie schützend verpackt werden. Zerbrechliches wird mit Spezialkleber betropft. Anschließend wickelt man alles in nasse Gipsbinden, die an der Luft aushärten. Die verpackten Blöcke werden mit Etiketten versehen und zum Museum geschickt.

Das Ausgraben kann 1 Tag, aber auch viele Monate lang dauern – je nachdem, um wie viele Knochen es sich handelt und wie dicht das umgebende Sedimentgestein ist.

IM MUSEUM ...

PRÄPARIEREN

Zuerst werden die Fossilien gereinigt und haltbar gemacht. Das machen Expertinnen und Experten, die sogenannten Präparatoren. Sie entfernen die Gipsbinden und befreien die Funde von Gesteinsresten. All das geschieht sehr behutsam mit kleinen Sandstrahlgebläsen, elektrischen Bohrern und Schleifgeräten. In der letzten Phase verwenden sie Nadeln und Zahnarztinstrumente. Mit speziellen Klebern und Füllmaterialien werden Schäden repariert und Lücken ausgefüllt.

ABGUSS

Die Präparatoren fertigen auch Abgüsse von den Fossilien an. Die so erhaltenen Kopien werden mit Forschenden geteilt und auch von anderen Museen genutzt.

AUSSTELLEN

Der Großteil der so präparierten Fossilien wird verpackt und in Magazinen gelagert. Einige werden auch ausgestellt. Skelette werden auf Metallgestelle montiert und fehlende Knochen durch Attrappen aus dem 3D-Drucker ersetzt. Sie sind entsprechenden Knochen der anderen Körperseite oder Skeletten derselben Gattung nachgebildet.

HILFSMITTEL

In den 1940er Jahren entdeckten Forschende, dass die in den verschiedenen Gesteinsschichten enthaltenen Atome unterschiedlich stark strahlen. Mit der von ihnen entwickelten radiometrischen Datierung konnten sie das Alter jeder Gesteinsschicht – und damit auch das der darin enthaltenen Fossilien – genau berechnen. Diese Datierungsmethode ist ein sehr wichtiges Hilfsmittel der Paläontologie, aber es gibt noch andere:

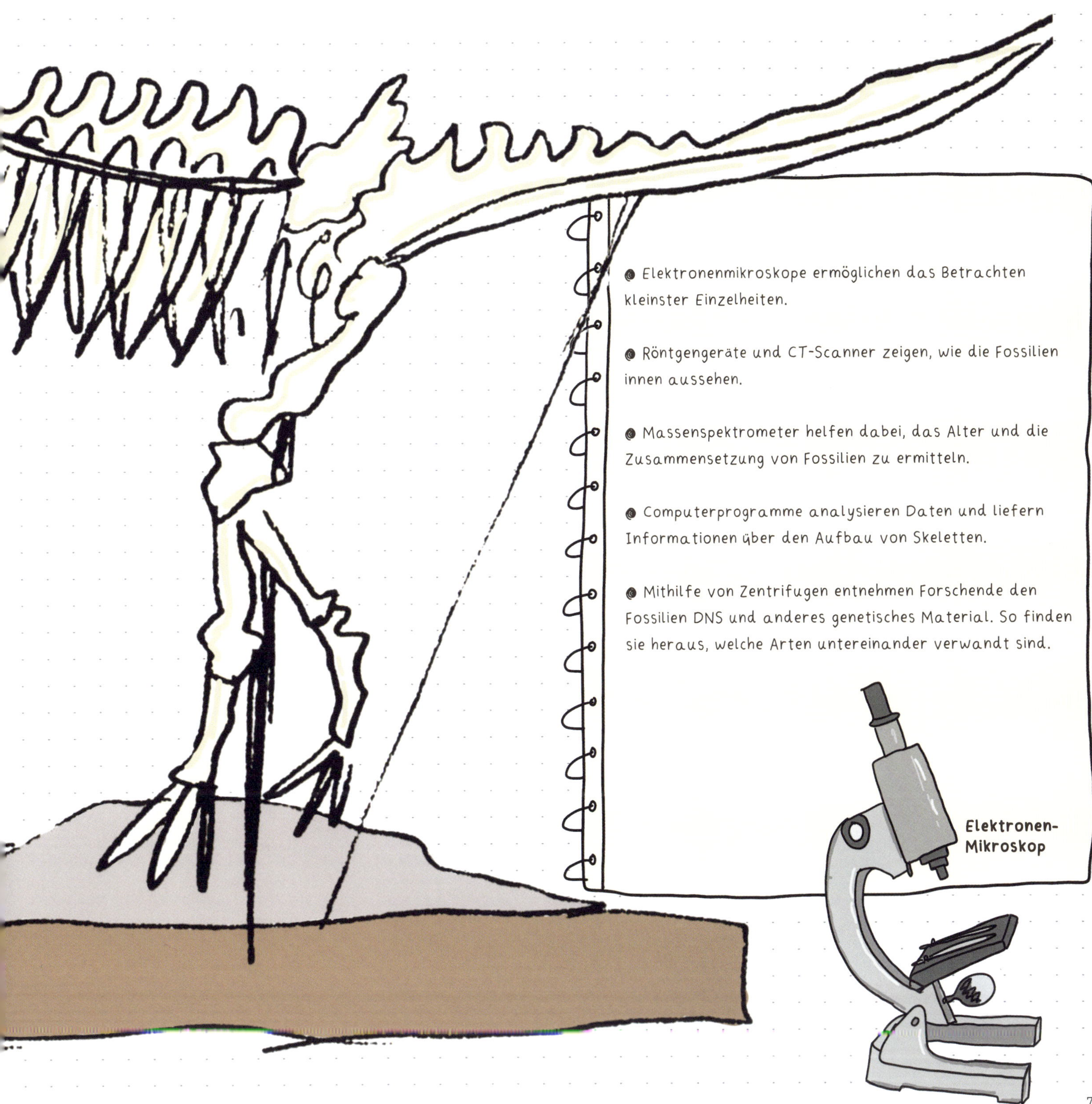

- Elektronenmikroskope ermöglichen das Betrachten kleinster Einzelheiten.
- Röntgengeräte und CT-Scanner zeigen, wie die Fossilien innen aussehen.
- Massenspektrometer helfen dabei, das Alter und die Zusammensetzung von Fossilien zu ermitteln.
- Computerprogramme analysieren Daten und liefern Informationen über den Aufbau von Skeletten.
- Mithilfe von Zentrifugen entnehmen Forschende den Fossilien DNS und anderes genetisches Material. So finden sie heraus, welche Arten untereinander verwandt sind.

WIE WIRD MAN PALÄONTOLOGE?

Wenn du dich für Fossilien begeisterst, möchtest du später vielleicht Paläontologin oder Paläontologe werden. Hier sind ein paar Tipps, mit denen du dieses Ziel erreichen könntest:

- Konzentrier dich in der Schule auf Biologie, Mathe und Geografie.
- Mach ein Praktikum in einem Museum deiner Stadt.
- Geh wandern und schau dir Gesteine genau an. Vielleicht findest du sogar Fossilien.
- Studier Geologie oder Zoologie an einer Universität.
- Mach Paläontologie zu deinem Spezialgebiet und schreib eine Doktorarbeit.

SO SUCHT MAN NACH FOSSILIEN

Fossilien kann man an vielen Orten finden, aber am ehesten an Stränden mit Kalk- oder Sandsteinklippen.

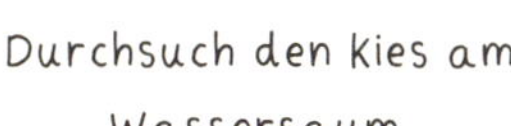

Durchsuch den Kies am Wassersaum.

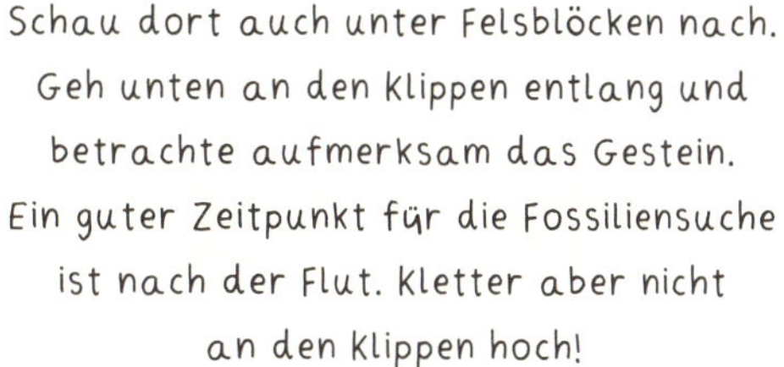

Schau dort auch unter Felsblöcken nach. Geh unten an den Klippen entlang und betrachte aufmerksam das Gestein. Ein guter Zeitpunkt für die Fossiliensuche ist nach der Flut. Kletter aber nicht an den Klippen hoch!

An Flussufern und in Bächen kann man Fossilien finden, die vom Wasser aus dem Gestein gespült wurden.

Alte Steinbrüche und Äcker in kalkreichen Gegenden können Fundstellen sein. Hier musst du aber erst die Eigentümer fragen, ob du nach Fossilien suchen darfst.

AUSRÜSTUNG

WARUM IST PALÄONTOLOGIE WICHTIG?

Fossilien sind unsere Brücke zur Vergangenheit. Sie können uns zeigen, wie sich Pflanzen und Tiere entwickelten, sich an ihre Umwelt anpassten und Veränderungen bewältigten.

Fossilien helfen uns, den Stammbaum des Lebens zu rekonstruieren und die Beziehungen der Lebewesen untereinander zu verstehen. Sie zeigen uns, welche Veränderungen die Erde durchmachte, wie sich die Kontinente und Meere bildeten und welchen Einfluss Meteoritenaufschläge und andere kosmische Ereignisse hatten.

Das alles ist heute besonders wichtig, weil sich unser Planet schneller verändert als jemals zuvor. Aus der Vergangenheit können wir lernen, wie wir die Ökosysteme und die in ihnen lebenden Arten vor der Klimaerwärmung und ihren Folgen schützen können.

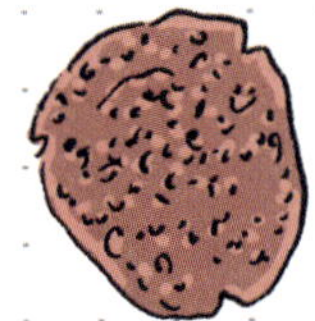

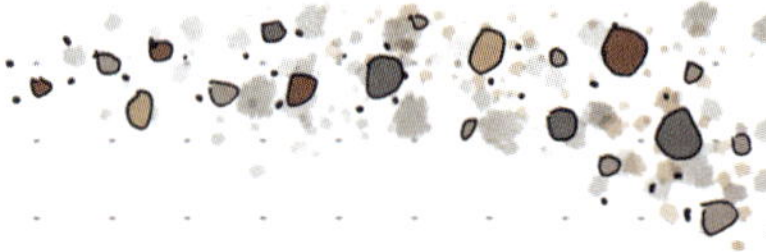

GLOSSAR

Abdruckfossilien Fossilien, die entstehen, wenn ein Tier oder eine Pflanze so in Schlamm verrottet, dass ein Abdruck seiner Gestalt zurückbleibt. Wenn sich dieser Hohlraum mit Sediment füllt, nimmt das Sediment dessen Form an.

Amnioten-Ei Ei mit ledriger oder harter Außenschicht, die den Embryo schützt und den Luftaustausch ermöglicht. Weil diese Art Ei nicht austrocknete, konnten Fleischflosser mit ihr das Land besiedeln. Deshalb ist die Eierschale eine wichtige evolutionäre Entwicklung.

Mary Anning Englische Fossilienjägerin und Paläontologin aus dem 19. Jahrhundert, deren spektakuläre Entdeckungen das öffentliche Interesse am urzeitlichen Leben weckten.

Archosaurier Eine große Gruppe von Wirbeltieren, der alle Krokodile, Vögel, Dinosaurier und Pterosaurier angehören. Sie traten erstmals vor etwa 250 Millionen Jahren im Perm auf.

Georges Cuvier & William Smith Der französische Paläontologe Georges Cuvier und der englische Geologe William Smith entdeckten, dass Gestein derselben Schicht aus derselben geologischen Ära stammt und ähnliche Fossilien enthalten kann, selbst wenn die Fundorte weit voneinander entfernt sind.

Cyanobakterien Cyanobakterien sind die ältesten bekannten Lebensformen und entwickelten sich vor etwa 3,8 Milliarden Jahren. Durch Fotosynthese wandeln sie Sonnenlicht in Energie um. Der dabei entstandene Sauerstoff ermöglichte die Entstehung anderer Lebewesen.

Dinosaurier Eine artenreiche Gruppe Eier legender Landwirbeltiere mit aufrecht unter dem Körper stehenden Beinen. Dinosaurier beherrschten im Mesozoikum über 140 Millionen Jahre lang die Erde.

Eiszeit Wenn wir „Eiszeit" sagen, meinen wir damit meist das Pleistozän, das vor 2,6 Millionen Jahren begann und vor 11.700 Jahren endete. Große Gletscher formten die Landschaften, die wir heute kennen. Es war die Zeit riesiger Säugetiere, die dann von Menschen ausgerottet wurden.

Fossile Spuren Die fossilen Überreste von Bewegungen eines Lebewesens, nicht des Lebewesens selbst. Fußabdrücke, Spuren im Schlamm, Nester oder Koprolithen sind alles fossile Spuren.

Hominini Eine Gruppe der aufrecht auf zwei Beinen laufenden Menschenaffen. Dazu gehört der moderne Mensch ebenso wie ausgestorbene Menschenvorfahren.

Kambrische Explosion Im Kambrium, einer Periode des frühen Paläozoikums (vor 540 Millionen Jahren), vermehrten sich die Arten explosionsartig. Die Vorfahren nahezu aller wichtigen Tiergruppen traten erstmals im Fossilbericht dieser Periode auf.

Känozoikum Das Zeitalter der Säugetiere begann vor 66 Millionen Jahren und dauert bis heute an. Die Vorfahren unserer heutigen Tiere streiften über das neu entstandene Grasland. Vor 3 Millionen Jahren spalteten sich die ersten Menschenvorfahren von den Menschenaffen ab.

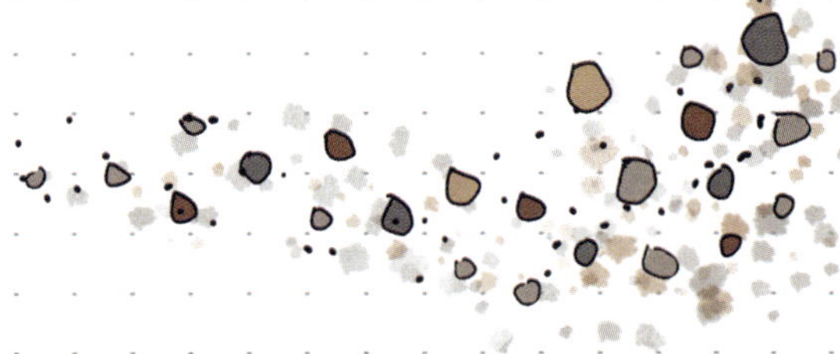

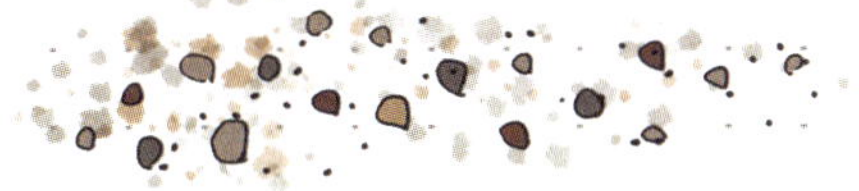

Koprolithen Fossile Kacke, auch Kot genannt. Koprolithen können wichtige Informationen über Ernährung und Lebensweise von Tieren liefern.

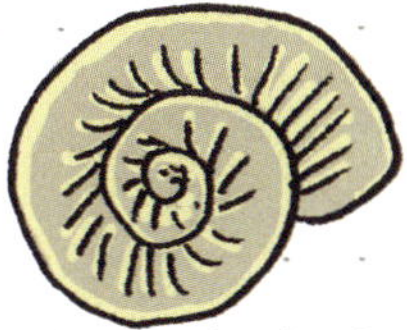

Massenaussterben an K-P-Grenze Das Massenaussterben an der Kreide-Paläogen-Grenze ereignete sich vor 66 Millionen Jahren und wurde vermutlich durch einen Meteoriteneinschlag ausgelöst. Drei Viertel aller Pflanzen- und Tierarten starben aus, darunter die Dinosaurier.

Massenaussterben an P-T-Grenze Das größte bekannte Massenaussterben der Erdgeschichte, bei dem an der Perm-Trias-Grenze vor etwa 251 Millionen Jahren 95 Prozent der Meeres- und 70 Prozent der Landbewohner verschwanden. Man nimmt an, dass der Auslöser eine Kombination aus Klimaerwärmung und starker vulkanischer Aktivität war.

Mesozoikum Die Ära des „mittleren Lebens" vor 251 bis 66 Millionen Jahren, die in die Perioden Trias, Jura und Kreide gegliedert ist. Die Vorfahren der wichtigen Tier- und Pflanzenarten traten erstmals im Mesozoikum auf, das zum Zeitalter der Dinosaurier wurde.

Paläontologie Die Wissenschaft vom Leben in der Urzeit, wie es der Fossilienbericht darstellt. Es gibt viele verschiedene Zweige der Paläontologie, die sich unter anderem mit Bakterien, Pflanzen, Muscheln und Wirbeltieren befassen.

Paläozoikum Die Ära vor 541 bis 252 Millionen Jahren, in der unglaublich viele neue Lebensformen auftraten. Die Meere füllten sich mit Wassertieren, Pflanzen besiedelten das Land. Fleischflosser krochen an Land und wurden zu Tetrapoden, aus denen die Reptilien und Archosaurier hervorgingen. Die Ära endete mit dem Massenaussterben an der Perm-Trias-Grenze.

Pangäa Ein Superkontinent, der aus allen Landmassen der Erde bestand. Er war von dem riesigen Ozean Panthalassa umgeben. Pangäa existierte von vor 300 bis 200 Millionen Jahren und brach dann ab dem Jura allmählich auseinander.

Präkambrium Die Zeitspanne zwischen der Entstehung der Erde vor 4,6 Milliarden Jahren und dem Beginn des Kambriums vor 541 Millionen Jahren, in der sich Kontinente formten. Frühe Lebensformen von Einzellern bis hin zu Wirbellosen wie Schwämmen und Quallen entwickelten sich.

Säugetiere Gleichwarme, meist mit Fell bedeckte Wirbeltiere, deren Weibchen die Jungen säugen. Das Säugetiergehirn ist stärker entwickelt als das anderer Tiergruppen.

Sedimentgestein Gestein, das sich aus Teilchen zuvor existierenden Gesteins zusammensetzt, die aneinanderhaften. Fossilien werden immer nur in Sedimentgestein gefunden.

Terrorvögel Phorusrhacidae, auch Terrorvögel genannt, sind eine Familie riesiger fleischfressender Vögel, die im Känozoikum vor allem in Südamerika verbreitet waren.

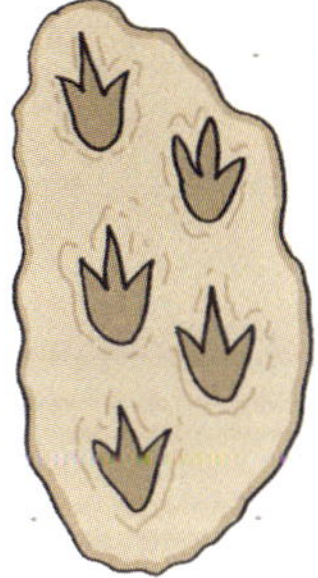

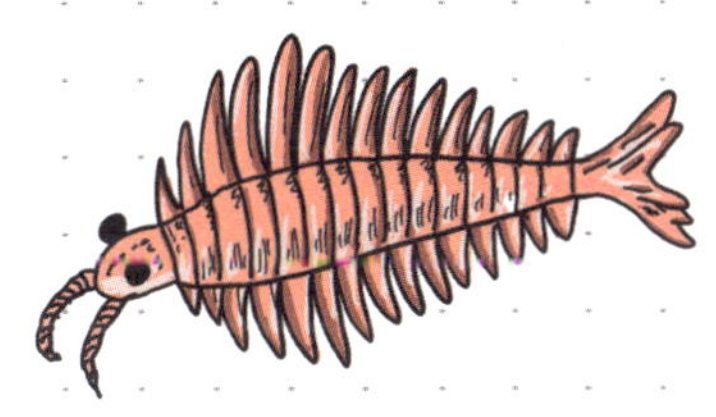